汽车拆装与维护

主 编 张西振 曲昌辉 曹 伟
副主编 刘 涛 吴慧媛 刘显玉

北京理工大学出版社
BEIJING INSTITUTE OF TECHNOLOGY PRESS

内 容 简 介

本书分为汽车总体构造认识、职业安全、发动机的拆装与维护、底盘的拆装与维护、汽车电器的拆装与维护五个项目。主要以桑塔纳、丰田威驰等典型汽车为例，系统地介绍了汽车各总成的拆装与维护方法。

本书可作为高职高专汽车运用与维修专业及相关汽车专业学生的教材，也可供汽车专业维修人员、工程技术人员参考。

版权专有　侵权必究

图书在版编目（CIP）数据

汽车拆装与维护/张西振，曲昌辉，曹伟主编. —北京：北京理工大学出版社，2015.1（2025.1重印）

ISBN 978-7-5682-0131-5

Ⅰ. ①汽⋯　Ⅱ. ①张⋯②曲⋯③曹⋯　Ⅲ. ①汽车-装配（机械）-高等学校-教材②汽车-车辆保养-高等学校-教材　Ⅳ. ①U463②U472

中国版本图书馆 CIP 数据核字（2015）第 005200 号

责任编辑：陈莉华		**文案编辑**：陈莉华	
责任校对：孟祥敬		**责任印制**：李志强	

出版发行 / 北京理工大学出版社有限责任公司
社　　址 / 北京市丰台区四合庄路 6 号
邮　　编 / 100070
电　　话 /（010）68914026（教材售后服务热线）
　　　　　　（010）63726648（课件资源服务热线）
网　　址 / http://www.bitpress.com.cn

版 印 次 / 2025 年 1 月第 1 版第 8 次印刷
印　　刷 / 廊坊市印艺阁数字科技有限公司
开　　本 / 787 mm×1092 mm　1/16
印　　张 / 13.75
字　　数 / 320 千字
定　　价 / 45.00 元

图书出现印装质量问题，请拨打售后服务热线，负责调换

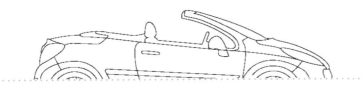 

前言

社会在发展,科技在进步。在我国,随着汽车尤其是家用轿车保有量的不断增加,汽车的结构也不断更新,随之给汽车的拆装与维护工作带来了很多新问题、新挑战。同时,汽车行业对从业人员的要求与职业教育多年来沿用的普教教学法所产生的猛烈撞击,也使从事汽车行业相关职业教学的人深感不变不行。而教材作为教学活动的基本依据,自然应成为教学改革的第一步。

我们对本书的体系结构做了精心的设计,根据学生的认知规律,由简单到复杂来安排全书的项目。将课程内容分为汽车总体构造认识、职业安全、发动机的拆装与维护、底盘的拆装与维护、汽车电器的拆装与维护五个项目,每个项目中又以一个或多个任务来体现程序中的各个操作环节,每个任务均按照"任务目标""任务引入""相关知识""任务实施与考核""思考与练习"的体例来组织学习内容。每个任务首先以"任务目标""任务引入"作为任务的引入,主要说明任务的来源、理由等;"相关知识"为相应任务实施中必需的理论知识;"任务实施与考核"为实际操作的具体方法以及考核工单,方便学习与教学。

教材教学资源的形式添加了丰田威驰轿车 40 000 km 保养工单,有助于学生学习,方便教师教学使用。

教材配套的教学资源如 PPT 课件、课程标准、教课计划、教学实施纲要、教学流程设计、题库及答案、卷库、教学用视频资料、名师教学录像资料及网络课程学习等教学资源将于本教材出版后陆续开发,并将免费提供给广大读者使用。

本教材建议学时数为 74 学时,具体安排见下表。

序号	项目	教学时数			讨论辅导
		小计	讲课	实操	
1	项目一 汽车总体构造认识	4	2	2	
2	项目二 职业安全	4	2	2	
3	项目三 发动机的拆装与维护	24	8	16	
4	项目四 底盘的拆装与维护	24	8	16	
5	项目五 汽车电器的拆装与维护	18	6	12	
	合计	74	26	48	

本书由辽宁省交通高等专科学校张西振、曲昌辉和辽宁工程职业学院曹伟担任主编，盘锦职业技术学院刘涛、辽宁理工职业技术学院吴慧媛和辽宁科技学院刘显玉担任副主编。参加编写工作的还有辽宁省交通高等专科学校的王立刚、郭大民、张丽丽、黄艳玲、孙涛、朱久春、李兴华、苏显龙、康爱琴、黄宜坤、卢中德、李泰然、宋孟辉、刘义庆等。

　　由于编者的经验、水平有限，书中难免存在疏漏和缺点，恳请专家和广大读者不吝指正。

编　者

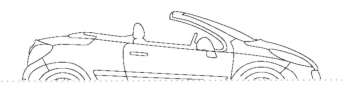

目 录
CONTENTS

项目一 汽车总体构造认识

任务 1-1　汽车总体构造 ·········· 001
【任务目标】 ·········· 001
【任务引入】 ·········· 001
【相关知识】 ·········· 002
　一、发动机总体构造 ·········· 002
　二、发动机各部分的组成及功用 ·········· 003
　三、汽车底盘总体构造及功用 ·········· 005
　四、汽车底盘各部分的组成及功用 ·········· 005
　五、汽车电器总体构造 ·········· 008
　六、汽车电器各部分的组成及功用 ·········· 008
　七、汽车车身总体构造及功用 ·········· 010
　八、汽车车身各部分的组成及功用 ·········· 010
【任务实施与考核】 ·········· 011
【思考与练习】 ·········· 011

项目二 职业安全

任务 2-1　常用工具的选择与使用 ·········· 014
【任务目标】 ·········· 014
【任务引入】 ·········· 014
【相关知识】 ·········· 014
　一、常用工具的使用 ·········· 014
　二、常用工具的选择 ·········· 018
【任务实施与考核】 ·········· 018

任务 2-2　常用量具的选择与使用 ·········· 024
【任务目标】 ·········· 024

【任务引入】 025
【相关知识】 025
 一、游标卡尺 025
 二、千分尺 025
 三、百分表 026
 四、内径百分表 026
【任务实施与考核】 027

任务 2-3　常用举升设备的使用 030
【任务目标】 030
【任务引入】 031
【相关知识】 031
 一、举升机概述 031
 二、举升机的种类 031
 三、举升机的结构及工作原理 031
 四、其他类型举升机的使用 032
【任务实施与考核】 033

任务 2-4　汽车拆装与维护作业中的安全防范 036
【任务目标】 036
【任务引入】 036
【相关知识】 036
 一、汽车从业人员的基本要求 036
 二、汽车维修作业中的安全防范 037
 三、5S 理念 040
【思考与练习】 041

项目三
发动机的拆装与维护

任务 3-1　发动机总成的拆装 043
【任务目标】 043
【任务引入】 043
【相关知识】 043
 一、基本修理注意事项 043
 二、具体部件总成拆装的注意事项 044
【任务实施与考核】 045

任务 3-2　曲柄连杆机构的拆装与测量 048
【任务目标】 048
【任务引入】 048
【相关知识】 048
 一、机体组 048

二、活塞连杆组 ··· 049
　　三、曲轴飞轮组 ··· 049
　【任务实施与考核】 ··· 049

任务3-3　配气机构的拆装 ·· 056
　【任务目标】 ··· 056
　【任务引入】 ··· 056
　【相关知识】 ··· 056
　　一、配气机构的功用 ··· 056
　　二、配气机构的组成 ··· 056
　　三、配气机构的工作过程 ·· 057
　【任务实施与考核】 ··· 058

任务3-4　汽油机燃油供给系统的拆装与维护 ·· 059
　【任务目标】 ··· 059
　【任务引入】 ··· 060
　【相关知识】 ··· 060
　　一、电控汽油喷射系统的基本组成 ·· 060
　　二、电控汽油喷射系统的工作原理 ·· 061
　【任务实施与考核】 ··· 062

任务3-5　点火系统的拆装与维护 ·· 071
　【任务目标】 ··· 071
　【任务引入】 ··· 071
　【相关知识】 ··· 071
　　一、点火系的作用 ··· 071
　　二、点火系的组成及各组成件的功用 ·· 071
　　三、点火系的基本工作原理 ·· 072
　【任务实施与考核】 ··· 073

任务3-6　起动机的拆装与维护 ··· 076
　【任务目标】 ··· 076
　【任务引入】 ··· 076
　【相关知识】 ··· 076
　　一、汽车起动系的组成及工作原理 ·· 076
　　二、起动机的结构与工作原理 ·· 076
　【任务实施与考核】 ··· 077

任务3-7　润滑系统的拆装与维护 ·· 079
　【任务目标】 ··· 079
　【任务引入】 ··· 079
　【相关知识】 ··· 079
　　一、润滑系统的功用 ··· 079
　　二、发动机的润滑方式 ··· 080

三、润滑系统的组成及工作原理 ·· 080
　【任务实施与考核】 ··· 081
　任务 3-8　冷却系统的拆装与维护 ·· 085
　　【任务目标】 ··· 085
　　【任务引入】 ··· 086
　　【相关知识】 ··· 086
　　　一、冷却系统的作用 ·· 086
　　　二、冷却系统的分类 ·· 086
　　　三、冷却系统的组成及原理 ·· 086
　　【任务实施与考核】 ··· 087
　　【思考与练习】 ··· 091

项目四
底盘的拆装与维护

任务 4-1　离合器的拆装与维护 ·· 094
　【任务目标】 ··· 094
　【任务引入】 ··· 094
　【相关知识】 ··· 094
　　一、离合器的功用 ··· 094
　　二、离合器的安装位置 ·· 094
　　三、离合器的组成 ··· 094
　【任务实施与考核】 ··· 096
任务 4-2　手动变速器的拆装与维护 ·· 099
　【任务目标】 ··· 099
　【任务引入】 ··· 099
　【相关知识】 ··· 099
　　一、变速器的作用 ··· 099
　　二、齿轮变速器的基本工作原理 ··· 100
　　三、手动变速器的总体结构 ·· 100
　【任务实施与考核】 ··· 101
任务 4-3　自动变速器的拆装与维护 ·· 105
　【任务目标】 ··· 105
　【任务引入】 ··· 105
　【相关知识】 ··· 105
　　一、自动变速器的作用 ·· 105
　　二、自动变速器的分类 ·· 105
　　三、自动变速器选挡杆的使用 ·· 105
　　四、自动变速器的组成及各组成件的功用 ···································· 106
　【任务实施与考核】 ··· 107

任务 4-4　万向传动装置的拆装与维护 …… 117
【任务目标】 …… 117
【任务引入】 …… 117
【相关知识】 …… 117
　一、万向传动装置的功用和组成 …… 117
　二、万向传动装置主要部件的结构 …… 118
【任务实施与考核】 …… 120

任务 4-5　主减速器和差速器的拆装 …… 125
【任务目标】 …… 125
【任务引入】 …… 125
【相关知识】 …… 125
　一、主减速器的功用 …… 125
　二、主减速器的分类 …… 125
　三、差速器的功用 …… 126
　四、差速器的分类 …… 126
　五、主减速器和差速器的结构 …… 126
【任务实施与考核】 …… 126

任务 4-6　行驶系统的拆装与维护 …… 129
【任务目标】 …… 129
【任务引入】 …… 130
【相关知识】 …… 130
　一、汽车行驶系的功用 …… 130
　二、汽车行驶系的组成 …… 130
【任务实施与考核】 …… 131

任务 4-7　转向系统的拆装与维护 …… 140
【任务目标】 …… 140
【任务引入】 …… 141
【相关知识】 …… 141
　一、转向系统的功用 …… 141
　二、转向系统的类型 …… 141
　三、机械转向系统的组成及工作原理 …… 141
　四、动力转向系统的功用、组成 …… 141
【任务实施与考核】 …… 142

任务 4-8　制动系统的拆装与维护 …… 148
【任务目标】 …… 148
【任务引入】 …… 149
【相关知识】 …… 149
　一、制动系的功用 …… 149
　二、制动系的组成 …… 149

三、盘式制动器的结构和工作原理 149
　　四、鼓式制动器的结构和工作原理 150
　　五、驻车制动器的结构及工作原理 150
　【任务实施与考核】 151
　【思考与练习】 162

项目五 汽车电器的拆装与维护

任务 5-1　蓄电池的拆装与维护 164
【任务目标】 164
【任务引入】 164
【相关知识】 164
　一、蓄电池的作用 164
　二、蓄电池的总体构造 164
　三、工作原理 165
【任务实施与考核】 166

任务 5-2　发电机的拆装与维护 169
【任务目标】 169
【任务引入】 169
【相关知识】 169
　一、汽车交流发电机的结构 169
　二、交流发电机的工作原理 170
【任务实施与考核】 170

任务 5-3　车身电器的拆装与维护 173
【任务目标】 173
【任务引入】 174
【相关知识】 174
　一、汽车照明装置 174
　二、汽车信号装置 174
【任务实施与考核】 176

任务 5-4　空调系统的拆装与维护 192
【任务目标】 192
【任务引入】 192
【相关知识】 192
　一、汽车空调的功能 192
　二、汽车空调系统的组成 192
【任务实施与考核】 194
【思考与练习】 205

参考文献 208

项目一

汽车总体构造认识

任务1-1 汽车总体构造

1. 能够正确描述汽油发动机总体构造及各组成部分的位置；
2. 能够正确描述汽车底盘总体构造及各组成部分的位置；
3. 能够正确描述汽车电气设备总体构造及各组成部分的位置；
4. 能够正确描述汽车车身总体构造。

汽车虽然结构复杂，种类繁多，但它们的基本组成是一致的，都是由发动机、底盘、车身和电气设备四大部分组成。常见轿车的总体构造如图1-1所示。

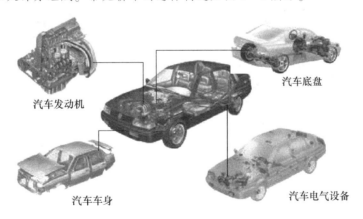

图1-1 常见轿车的总体构造

1. 发动机

发动机是汽车的动力装置，其作用是将燃料燃烧所产生的热能转变成机械能并通过底盘驱动汽车行驶。

2. 底盘

底盘是汽车装配与行驶的基体，其作用是支承及安装发动机、车身及汽车的其他总成与部件，形成汽车的整体，它接受发动机输出的动力，并保证汽车按驾驶员的操作正常行驶。

底盘由传动系统、行驶系统、转向系统和制动系统四部分组成。

3. 车身

车身安装在底盘的车架上,是供驾驶员操作以及容纳乘客和货物的场所。

4. 电气设备

电气设备是汽车上的用电设备及供电设备的总称,由电源和用电设备两大部分组成。电源包括蓄电池和发电机;用电设备有起动系、点火系、照明、信号、仪表和辅助电器等。现代汽车上使用越来越多的各种电子设备、微机等各种人工智能装置,如 ABS 防抱死系统、安全气囊、巡航装置、GPS 定位系统等也属于电气设备范围。

一、发动机总体构造

汽车发动机是一部由许多机构和系统组成的复杂机器,其结构形式多种多样,即使是同一类型的发动机,其具体构造也各不相同,但由于基本工作原理相同,所以基本构造也是相似的。发动机通常由两大机构(曲柄连杆机构、配气机构)和四大系统(燃料供给系统、冷却系统、润滑系统和起动系统)组成。如果是汽油机,还应有点火系统。汽油机的结构如图 1-2、图 1-3 所示。

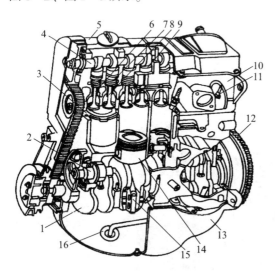

图 1-2 汽油机解剖图

1—曲轴;2—中间轴;3—气缸体;4—凸轮轴;5—凸轮轴罩盖;6—排气门;7—气门弹簧;8—进气门;9—气门挺杆;10—气缸;11—火花塞;12—飞轮;13—油底壳;14—活塞;15—连杆总成;16—集滤器

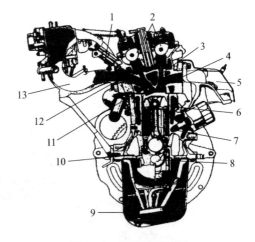

图 1-3 汽油机横剖图

1—喷油嘴;2—凸轮;3—排气门;4—排气孔;5—排气歧管;6—活塞;7—连杆;8—曲轴;9—油底壳;10—曲轴箱;11—进气门;12—进气孔;13—进气歧管

二、发动机各部分的组成及功用

1. 曲柄连杆机构

曲柄连杆机构的功用是将燃料燃烧所放出的热能,通过活塞直线往复运动经连杆转变为曲轴旋转运动的机械能对外输出动力，驱动汽车行驶。

曲柄连杆机构包括机体组、活塞连杆组和曲轴飞轮组三部分。

1）机体组

机体组的结构如图1-4所示，机体组包括气缸盖、气缸垫、气缸体及油底壳等。

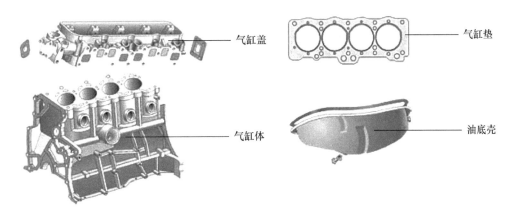

图1-4　机体组的结构

2）活塞连杆组

活塞连杆组的结构如图1-5所示，活塞连杆组包括活塞、活塞环、活塞销和连杆等。

3）曲轴飞轮组

曲轴飞轮组的结构如图1-6所示，曲轴飞轮组由曲轴、主轴承、主轴承盖和飞轮等组成。

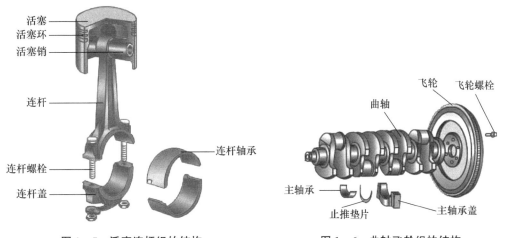

图1-5　活塞连杆组的结构　　　图1-6　曲轴飞轮组的结构

2. 配气机构

配气机构主要由气门组和气门传动组组成，如图1-7所示。其功用是按照发动机各缸工作顺序和工作循环的要求，适时地打开或关闭进、排气门，以便发动机进行换气过程。

3. 燃料供给系统

汽油机燃料供给系统的结构如图1-8所示。

汽油机燃料供给系统主要由汽油箱、燃油泵、汽油滤清器、油管、喷油器等组成。其功用是将汽油经过雾化、蒸发（汽化），并和空气按一定比例均匀混合成可燃混合气，再根据

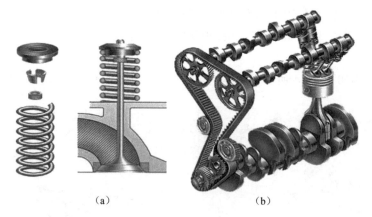

图1-7 配气机构的结构

(a) 气门组；(b) 气门传动组

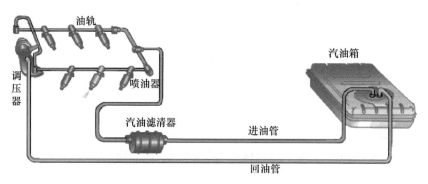

图1-8 汽油机燃料供给系统的结构

发动机各种不同工况的要求，向发动机气缸内供给不同质（即不同浓度）和不同量的可燃混合气，以便在临近压缩终了时点火燃烧而放出热量使燃气膨胀做功，最后将气缸内废气排至大气中。

4. 点火系统

如图1-9所示，汽油机的点火系统主要由电源、点火线圈、点火控制器、分电器、火

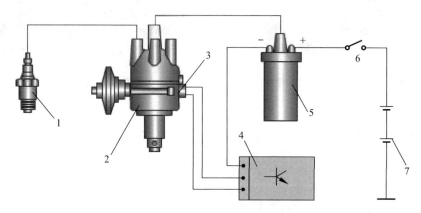

图1-9 汽油机点火系统的组成

1—火花塞；2—分电器；3—点火信号发生器；4—点火控制器；5—点火线圈；6—点火开关；7—电源

花塞和点火开关等组成。其功用是根据发动机工作需要，及时点燃气缸内的可燃混合气。

5. 润滑系统

如图1-10所示，润滑系统主要由机油泵、集滤器、限压阀、油道、机油滤清器、油底壳和游标尺等组成。其功用是将润滑油不断地供给作相对运动的零件，以减小它们之间的摩擦阻力，减轻机件的磨损，并部分地冷却摩擦零件，清洗摩擦表面。

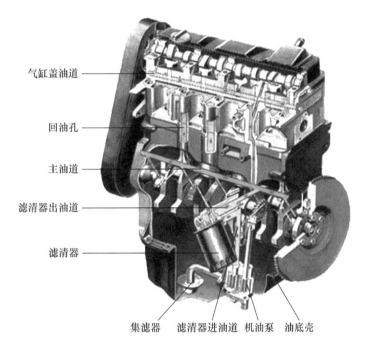

图1-10 润滑系统的结构

6. 冷却系统

冷却系统有水冷式和风冷式两种，现代汽车一般都采用水冷式。如图1-11所示，水冷式冷却系统主要由水泵、散热器、电动风扇、储液室、节温器等组成。其功用是利用冷却水冷却发动机高温零件，并通过散热器将热量散发到大气中去，以保证发动机在最适宜的温度下工作。

7. 起动系统

如图1-12所示，起动系统由蓄电池、点火开关、起动继电器、起动机等组成。其功用是带动飞轮旋转以获得必要的动能和起动转速，使静止的发动机起动并转入自行运转状态。

三、汽车底盘总体构造及功用

汽车底盘由传动系、行驶系、转向系和制动系四大系统组成，其功用是接受发动机的动力，驱动汽车运动，保证汽车按照驾驶员的操作正常行驶。如图1-13所示为轿车底盘的结构。

四、汽车底盘各部分的组成及功用

1. 传动系

汽车传动系是从发动机到驱动车轮之间所有动力传递装置的总称。其功用是将发动机发

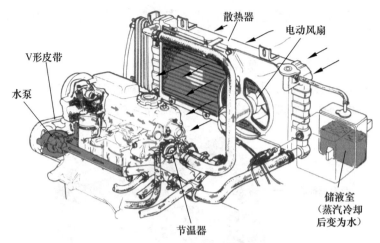

图 1-11 冷却系统的结构

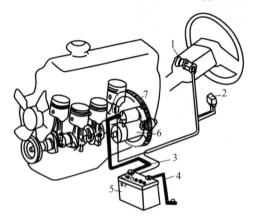

图 1-12 起动系统的结构

1—点火开关；2—起动继电器；3—起动机电缆；
4—搭铁电缆；5—蓄电池；6—起动机；7—飞轮

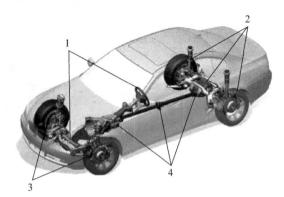

图 1-13 轿车底盘的结构

1—转向系；2—行驶系；3—制动系；4—传动系

出的动力按需要传给驱动桥。

不同配置的汽车，传动系的组成也不同。如载货汽车及部分轿车，传动系一般是由离合器、手动变速器、万向节和传动轴组成的万向传动装置及装在桥壳中的主减速器、差速器、半轴等组成，如图 1-14 所示，近年来轿车中采用的液力传动机械越来越多，其传动系包括

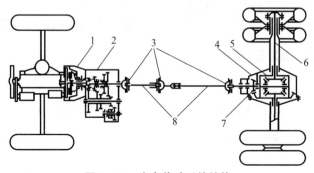

图 1-14 汽车传动系的结构

1—离合器；2—手动变速器；3—万向节；4—驱动桥；5—差速器；6—半轴；7—主减速器；8—传动轴

自动变速器、万向传动装置、驱动桥等;而越野汽车及运动型多功能车,还包括分动器。

传动系各组成的功用如下:

(1) 离合器。按照需要适时地切断或接合发动机与传动系之间的动力传递。

(2) 变速器。改变发动机输出转速、转矩的大小及旋转方向,也能切断发动机向驱动轮的动力传递。

(3) 万向传动装置。将变速器输出的动力传递给主减速器。

(4) 主减速器。降低转速,增大转矩,改变动力的传递方向。

(5) 差速器。将主减速传来的动力分配给左右两半轴,并允许左右两半轴以不同角速度旋转。

(6) 半轴。将差速器传来的动力传给驱动轮。

2. 行驶系

如图1-15所示,行驶系一般由车架、悬架、车桥(转向桥、驱动桥)和车轮等组成。车轮通过轴承安装在车桥两边,车桥通过悬架与车架(或车身)连接,车架(或车身)是整车的装配基体。

汽车行驶系的功用是支承并承受车内、外各种载荷,把传动系传来的转矩转化为汽车行驶的牵引力,保证汽车平顺行驶。

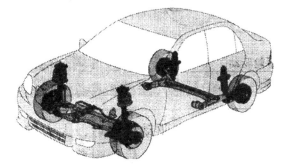

图1-15 汽车行驶系的结构

3. 转向系

如图1-16所示,转向系主要由转向操纵机构、转向器、转向传动机构组成。

转向系的功用是保证汽车能够按照驾驶员选定的方向行驶,并保持汽车直线行驶的稳定性。

4. 制动系

如图1-17所示,制动系一般包括行车制动系和驻车制动系两套相互独立的制动系统,

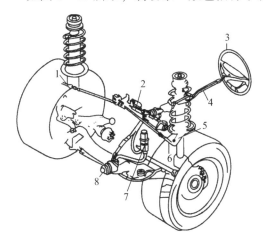

图1-16 汽车转向系的结构
1—右横拉杆;2—动力转向器;3—转向盘;4—转向轴;
5—转向臂;6—左横拉杆;7—转向油罐;8—叶片泵

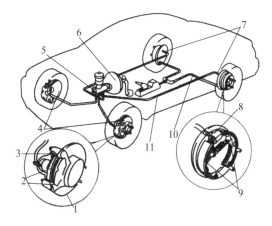

图1-17 汽车制动系的结构
1—制动盘;2—制动钳;3—磨损提示片;4—盘式制动器;
5—制动总泵;6—真空助力器;7—鼓式制动器;8—制动分泵;9—制动蹄片;10—驻车制动拉线;11—行车制动油管

每套制动系统都包括制动器和制动传动机构。现代汽车的行车制动系一般都装配有防抱死制动系统（ABS）。

制动系的功用是使汽车减速、停车并能保证可靠地驻停。

五、汽车电器总体构造

汽车电器包括电源、发动机的起动系统、点火装置以及汽车照明与信号设备、仪表、刮水器、洗涤器及空调等用电设备。

桑塔纳轿车电气设备布置大致可参考图1－18。

图1－18 桑塔纳轿车电气设备布置

六、汽车电器各部分的组成及功用

1. 电源

蓄电池、发电机是汽车电源的组成部分，蓄电池的结构如图1－19所示，发电机的结构如图1－20所示。蓄电池是汽车上的起动电源，它与发电机并联连接，向汽车上的用电设备供电。

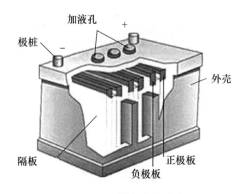

图1－19 蓄电池的结构

图1－20 发电机的结构

2. 汽车照明与信号装置

1）汽车照明系统

（1）组成。汽车照明系统由电源、照明装置及其控制部分组成。

（2）功用。保证汽车在夜间及能见度较低的情况下安全、高速行驶，改善车内驾乘环境，便于交通安全管理和车辆使用、检修。

2）汽车信号装置

（1）组成。常见的汽车信号装置有喇叭音响信号装置、转向信号装置、制动信号装置、倒车信号装置和危险警告信号装置等。

（2）功用。通过灯光和音响等手段，向行人和车辆发出警告，以保障行车安全。

（3）转向信号装置。

a. 组成。转向信号装置由转向灯、转向灯开关和闪光器等组成。

b. 功用。用于显示汽车的转弯方向。驾驶员转向时，通过转向灯开关，控制转向灯闪烁，发出警示。转向灯闪烁靠闪光器来完成。

c. 安装位置。转向灯安装于车身前端和后端的左右两侧。

（4）制动信号装置。

a. 组成。制动信号装置由制动信号灯、信号灯开关和制动灯断线报警开关灯等组成。

b. 功用。用于汽车制动时发出警示信号。当驾驶员踩下制动踏板时，制动信号灯发出强烈红光警示。

（5）倒车信号装置。它由倒车信号灯和倒车蜂鸣器组成。

3. 附属电气设备

1）刮水器

（1）组成。刮水器的基本结构如图 1-21 所示，电动机通过蜗杆、涡轮、摇臂和拉杆，带动刮水臂摆动，刮水片便可以刮除玻璃表面的雨水、雪及灰尘。

（2）功用。用于清除玻璃外表面的雨水、雪及灰尘，以保证驾驶员在雨天行驶有良好的视野。

2）风窗洗涤器

（1）组成。风窗洗涤器主要由洗涤液泵、洗涤液罐和喷嘴等组成。

（2）功用。将清洁的水或洗涤液喷射到风窗玻璃上，在刮水器的作用下，清洗风窗玻璃上的尘土和污物，使驾驶员有良好的视野。

3）汽车空调系统

（1）组成。汽车空调系统主要由制冷系统、供暖系统、通风和空气净化装置及控制系统组成，如图 1-22 所示。

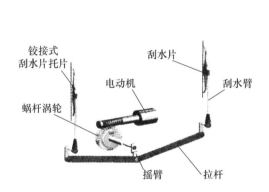

图 1-21　电动刮水器的基本结构

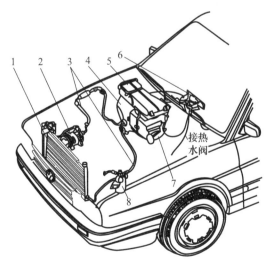

图 1-22　汽车空调系统的结构

1—冷凝器；2—压缩机；3—制冷剂管路；4—蒸发器箱；
5—进风罩；6—空调控制装置；7—加热器；8—储液干燥器

（2）功用。汽车空调系统是实现对车厢内空气进行制冷、加热、换气和空气净化的装置。它可以为乘员提供舒适的乘车环境，降低驾驶员的疲劳程度，提高行车安全。

七、汽车车身总体构造及功用

1. 组成

汽车车身主要包括车身壳体、车门、车窗、前后板制件、车身附件、车身内外装饰件、座椅等。桑塔纳车身总成如图 1-23 所示。

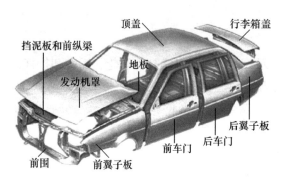

图 1-23 桑塔纳车身总成

2. 功用

（1）为驾驶员及乘员提供舒适的乘坐环境。
（2）为驾驶员及乘员提供安全保护措施。
（3）减小空气阻力，实现整车功能作用。
（4）增强整车的美观性。

八、汽车车身各部分的组成及功用

1. 车身本体

车身本体是一切车身部件的安装基础，通常是指结构件与覆盖件焊接或铆接成不可拆卸的总成；车身本体通常还包括在其上敷设的隔声、隔热、防振、防腐、密封等材料及涂层的涂装车身，如图 1-24 所示。

2. 车门

车门是车身上的一个独立总成，是供乘员或货物进出的必要通道。一般是用铰链将车门安装在车身上，如图 1-25 所示。

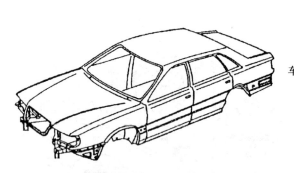

图 1-24 车身本体结构

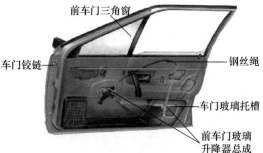

图 1-25 轿车车门总成

3. 车身附件结构

车身外部装饰主要是指装饰条、车轮装饰罩、标志、浮雕式文字等；散热器面罩、保险杠、灯具及后视镜等亦有明显的装饰性。

车身内部装饰包括仪表盘、顶篷、侧壁、座椅等表面覆饰物，以及窗帘和地毯。

车身附件包括门锁、门铰链、玻璃升降器、各种密封件、风窗刮水器、风窗洗涤器、遮阳板、后视镜、拉手、点烟器、烟灰盒等。在现代汽车上还装有无线电收放音机和杆式天线，在有的汽车上还装有无线电话机、电视机和小型电冰箱等附属设备。

 任务实施与考核

(1) 学生对照实训车辆，描述汽车总体构造的各组成部分，并用相机拍出上述系统的位置，最后将相片发到老师的邮箱。

注意：每个相片下面要有文字描述。

(2) 教师根据学生实训期间的表现和提交作业的完成情况来完成考核表（见表1-1）。

表1-1 教师考核记录表

实训项目： 汽车总体构造认识

班级学号		姓名		
项目	必要的记录		分值	评分
工作着装、工作安全、卫生情况			10	
发动机的描述（实训期间）			15	
底盘的描述（实训期间）			15	
电器的描述（实训期间）			15	
车身的描述（实训期间）			15	
提交作业的完成情况			30（工作单成绩折算）	
总分				
			老师签字：_____年___月___日	

 思考与练习

一、思考题

1. 简述曲柄连杆机构的组成及功用。
2. 简述配气机构的组成及功用。
3. 简述燃料供给系统的组成及功用。
4. 简述点火系统的组成及功用。
5. 简述润滑系统的组成及功用。
6. 简述冷却系统的组成及功用。
7. 简述起动系统的组成及功用。
8. 简述传动系统各组成件及功用。
9. 简述行驶系统各组成件及功用。
10. 简述转向系统各组成件及功用。
11. 简述制动系统各组成件及功用。
12. 简述汽车电器的组成。
13. 简述汽车照明系统的组成及功用。
14. 简述汽车附属设备的组成及功用。
15. 简述汽车空调系统的组成及功用。
16. 轿车车身由哪四部分组成？

二、单项选择题

1. （　　）是汽车的动力装置，其作用是将燃料燃烧所产生的热能转变成机械能。
   A. 底盘　　　　　B. 发动机　　　　C. 电气设备　　　D. 车身

2. 配气机构的功用是按照发动机各缸工作顺序和工作循环的要求，适时地打开或关闭（　　），以便发动机进行换气。
   A. 进气门　　　　B. 排气门　　　　C. 进、排气门　　D. 凸轮轴

3. 燃料供给系统的功用是根据发动机不同（　　）要求，向气缸供入一定数量和浓度的可燃混合气，并在燃烧做功后将燃烧后的废气排至大气中。
   A. 工况　　　　　B. 工作顺序　　　C. 工作循环　　　D. 点火时刻

4. 起动系统的功用是带动（　　）旋转以获得必要的动能和起动转速，使静止的发动机起动并转入自动运转状态。
   A. 发动机　　　　B. 飞轮　　　　　C. 配气机构　　　D. 凸轮轴

5. 汽车传动系统的功用是将发动机输出的动力按需要传给（　　）。
   A. 悬架　　　　　B. 制动系统　　　C. 转向系统　　　D. 驱动桥

6. 汽车行驶系统一般由车架、悬架、车桥和（　　）等组成。
   A. 车轮　　　　　B. 轮胎　　　　　C. 转向器　　　　D. 车身

7. 制动系统一般包括行车制动系统和（　　）两套相互独立的制动系统。
   A. ABS　　　　　B. 盘式制动系统　C. 鼓式制动系统　D. 驻车制动系统

8. 汽车照明系统由电源、照明装置及其（　　）组成。
   A. 近光灯　　　　B. 示宽灯　　　　C. 控制部分　　　D. 执行部分

三、多项选择题

1. 汽车一般都是由（　　）组成的。
   A. 发动机　　　　B. 底盘　　　　　C. 车身　　　　　D. 电气设备

2. 汽油机燃料供给系统主要由（　　）等组成。
   A. 汽油箱　　　　B. 燃油泵　　　　C. 空气滤清器　　D. 喷油器

3. 汽油机的点火系统主要由（　　）等组成。
   A. 蓄电池　　　　B. 起动机　　　　C. 点火线圈　　　D. 火花塞

4. 润滑系统主要由（　　）等组成。
   A. 水泵　　　　　B. 集滤器　　　　C. 限压阀　　　　D. 油底壳

5. 冷却系统主要由（　　）等组成。
   A. 水泵　　　　　B. 散热器　　　　C. 风扇　　　　　D. 节温器

6. 汽车传动系统主要由（　　）等组成。
   A. 离合器　　　　B. 手动变速器　　C. 万向传动装置　D. 主减速器、差速器

7. 风窗洗涤器主要由（　　）等组成。
   A. 弹性元件　　　B. 洗涤液泵　　　C. 洗涤液罐　　　D. 喷嘴

8. 汽车车身结构主要包括（　　）等。
   A. 车身本体　　　B. 车窗　　　　　C. 车前钣金制件　D. 车身内外装饰件

四、判断题

1. 配气机构主要由气门组和气门传动组组成。（　　）

2. 点火系统的功用是根据发动机的工作需要，及时点燃气缸内的可燃混合气。（   ）
3. 冷却系统只有水冷一种形式。（   ）
4. 汽车的布置形式只有前置前驱。（   ）
5. 万向传动装置的功用是将变速器输出的动力传递给主减速器。（   ）
6. 差速器的功用是降低转速，增大转矩，改变动力的传递方向。（   ）
7. 离合器的功用是按照需要适时地切断或接合发动机与传动系统之间的动力传递。（   ）
8. 汽车照明系统的功用是保证汽车在白天及能见度比较好的情况下安全、高速行驶。（   ）

项目二 职业安全

任务 2-1 常用工具的选择与使用

1. 能够正确描述常用工具的用途；
2. 能够正确选择和使用常用工具；
3. 能够正确描述常用工具的使用注意事项。

汽车拆装与维护作业中使用的工具种类繁多，规格型号也各不相同，常见的拆装与维护的工具有扳手、旋具、钳子等。正确使用常用工具是顺利完成拆装、维护作业的前提，汽车维修技术人员应该掌握常用工具的选择、使用方法以及注意事项。

一、常用工具的使用

1. 扳手

扳手有开口扳手、梅花扳手、活动扳手、套筒扳手、扭矩扳手等。它主要用于拆装螺栓或螺母，大多数螺栓、螺母均为标准件，所以扳手规格几乎全是标准的英制或米制。

（1）开口扳手。开口扳手也称呆扳手或双头扳手，常用的有6件套、8件套，一般都成套购置，使用范围在6~24 mm，如图2-1所示。使用中应按一定顺序摆放，以便工作时能准确地找到所需规格的扳手。

（2）梅花扳手。梅花扳手其常用的有6件套、8件套两种，适用范围在5.5~27 mm，如图2-2所示。梅花扳手两端大部分是套筒式端头，从而保证工作的安全可靠。其用途与开口扳手相似，具有更安全可靠的特点。使用时要注意选择合适的规格。

（3）套筒扳手。套筒扳手是一种组合型工具，使用时由几件共同组合成一把扳手，如图2-3所示。其适合拆装

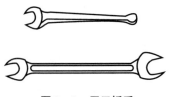

图 2-1 开口扳手

部件狭小，特别隐蔽的螺栓或螺母。其套筒部分与梅花扳手的端头相似，并制成单件，根据需要，选用不同规格的套筒和各种手柄进行组合。如活动手柄可用于调整所需力臂；快速手柄用于快速拆装螺栓、螺母；同时还能配用扭矩扳手显示拧紧力矩，具有功能多、使用方便、安全可靠的特点。

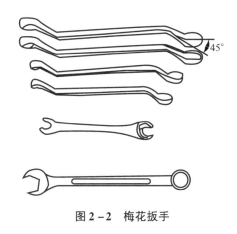

图2-2 梅花扳手

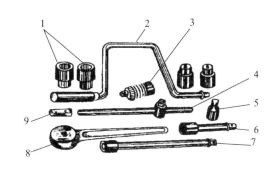

图2-3 套筒扳手

1—套筒；2—手柄；3—方向接头；4—活动手柄；5—旋具；
6—短接杆；7—长接杆；8—快速手柄；9—接头

（4）活动扳手。如图2-4所示，活动扳手开口端根据需要可以在一定范围内进行调节，主要用于拆装不规则的带有棱角的螺栓或螺母。

图2-4 活动扳手

（5）扭矩扳手。扭矩扳手是一种与套筒扳手中的套筒配合使用，用以拧紧螺栓或螺母达到规定的转矩。一般可分为示值式和预置式，如图2-5所示。汽车维护中常用的扭矩扳手的规格为0~300 N·m。

2. 旋具

旋具主要用于旋松或旋紧有槽螺钉。如图2-6所示，常用的旋具有一字螺钉旋具、十字螺钉旋具两种。

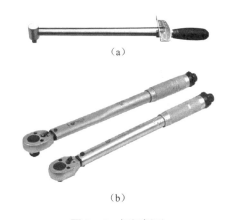

图2-5 扭矩扳手
(a) 示值式；(b) 预置式

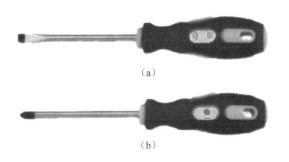

图2-6 旋具
(a) 一字螺钉旋具；(b) 十字螺钉旋具

（1）一字螺钉旋具常以钢杆部分的长度来区分，其常用的规格有 75 mm、100 mm、125 mm、150 mm 等几种，主要用于拆装一字槽的螺钉。

（2）十字螺钉旋具按十字口的直径可分为 2~2.5 mm、3~5 mm、5.5~8 mm、10~12 mm 四种规格，专用于拆装十字槽口的螺钉。

3. 钳子

轿车维修作业中常用的手钳有鲤鱼钳、钢丝钳、尖嘴钳和卡簧钳等。

（1）鲤鱼钳。如图 2-7 所示，鲤鱼钳可用来切割金属丝，弯扭小型金属棒料，夹持扁的或圆柱形的小件。

（2）钢丝钳。如图 2-8 所示，钢丝钳带有旁刃口，除能夹持工件外，还能折断金属薄板以及切断直径较小的金属线。

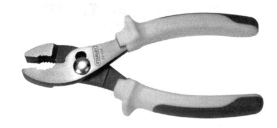

图 2-7 鲤鱼钳

图 2-8 钢丝钳

（3）尖嘴钳。如图 2-9 所示，尖嘴钳能在较狭小的工作空间操作，不带刃口的只能夹捏工件，带刃口的能切剪细小零件，是修理仪表及电器的常用工具。

（4）卡簧钳。如图 2-10 所示，卡簧钳是专门用于拆装带拆装孔的弹性挡圈（卡簧）的，按用途分为轴用卡簧钳、孔用卡簧钳。

图 2-9 尖嘴钳

图 2-10 卡簧钳

4. 锤子

常用的锤子类型如图 2-11 所示，有钢制圆头锤、橡胶或塑料锤及黄铜软面锤等。

5. 风动扳手

风动扳手的结构如图 2-12 所示，风动扳手使用压缩空气，并用于拆卸和更换螺栓、螺

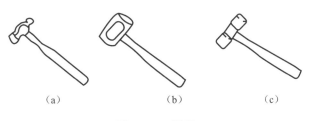

图 2-11 锤子

(a) 钢制圆头锤；(b) 橡胶或塑料锤；(c) 黄铜软面锤

母。它可以提高工作效率。

6. 专用工具

（1）火花塞套筒扳手。如图 2-13 所示，火花塞套筒扳手是一种薄壁长套筒，用于拆装火花塞的专用工具。有大、小两种尺寸，要配合火花塞尺寸。扳手内装有一块磁铁或橡胶，以使火花塞不往外掉。

图 2-12 风动扳手

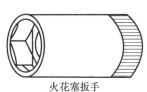

图 2-13 火花塞套筒扳手

（2）活塞环卡钳。如图 2-14 所示，活塞环卡钳用于拆装活塞环。

（3）拉器。如图 2-15 所示，拉器主要用于拆卸发动机曲轴、凸轮轴上的正时齿轮、正时带轮及其他位置尺寸合适的齿轮、轴承凸缘等圆盘形零件。

（4）气门弹簧拆装钳。如图 2-16 所示，在拆装气门时用叉形口（或环形口）抵住气门弹簧座，将螺杆顶在气门头部，转动手柄即可压缩气门弹簧。

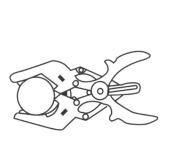
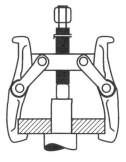
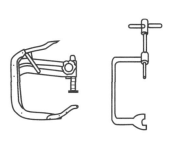

图 2-14 活塞环卡钳　　图 2-15 拉器　　图 2-16 气门弹簧拆装钳

二、常用工具的选择

1. 根据工作的类型选择工具

汽车修理中使用成套套筒扳手比较普遍。如果由于工作空间限制不能使用成套套筒扳手，可按其顺序选用梅花扳手或开口扳手。选择工具的次序：套筒扳手优先，梅花扳手其次，最后是开口扳手。

2. 根据工作进行的速度选择工具

（1）套筒扳手的用处在于它能旋转螺栓/螺母而不需要重新调整。这就可以迅速转动螺栓/螺母。

（2）套筒扳手可以根据所装的手柄以各种方式工作。

注意：

（1）棘轮手柄适合在狭窄空间中使用。然而，由于棘轮的结构，它不可能获得很大的扭矩。

（2）滑动手柄要求极大的工作空间，但它能提供最快的工作速度。

（3）旋转手柄在调整好手柄后可以迅速工作。但此手柄很长，很难在狭窄空间使用。

3. 根据旋转扭矩的大小选用工具

如果最后拧紧或开始拧松螺栓/螺母需要大扭矩，那么使用允许施加大力的扳手。

注意：

（1）可以施加的力的大小取决于扳手柄的长度。手柄越长，用较小的力得到的扭矩越大。

（2）如果使用了超长手柄，就有扭矩过大的危险，螺栓有可能折断。

一、技能学习

1. 扳手的使用方法与注意事项

1）开口扳手的使用方法与注意事项

（1）一定要选择与所拆装螺栓相同规格的扳手，以免因扳手尺寸过大而损坏螺栓（螺母）的棱角，如图2-17（a）所示。

（2）当使用推力拆装时，应用手掌力来推动，不能采用握推的方式，以免碰伤手指，如图2-17（b）所示。不能采用两个扳手对接或用套筒等套接的方式来加长扳手，以免损坏扳手或发生事故，如图2-17（c）所示。

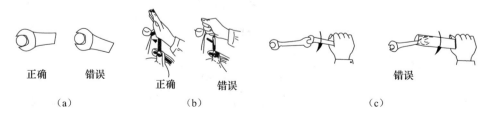

图2-17 扳手的使用

2）梅花扳手的使用方法与注意事项

梅花扳手可用在补充拧紧和类似操作中，因其可以对螺栓/螺母施加大扭矩。

（1）因为扳手钳口是双六角形的，可以容易地装配螺栓/螺母。这可以在一个有限空间内重新安装，如图2-18中1所示。

（2）由于螺栓/螺母的六角形表面被包住，因此没有损坏螺栓角的危险，并可施加大扭矩，如图2-18中2所示。

（3）由于扳手是有角度的，因此可用于在凹进空间里或在平面上旋转螺栓/螺母，如图2-18中3所示。

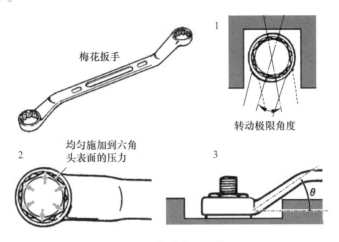

图 2-18 梅花扳手的使用

3）套筒扳手的使用方法与注意事项

（1）套筒（成套套筒扳手）。这种工具利用一套套筒扳手夹持住螺栓/螺母，将其拆下或更换。

① 套筒尺寸。套筒尺寸有大和小两种尺寸。大的一种可以获得比小的一种更大的扭矩。如图2-19中1所示。

② 套筒深度。套筒深度有两种类型——标准的和深的，后者比标准的深2~3倍。较深的套筒可用于螺栓突出的螺帽，而不适于用标准型套筒。如图2-19中2所示。

③ 钳口。钳口有两种类型——双六角形和六角形的。六角部分与螺栓/螺母的表面有很大的接触面，这样就不容易损坏螺栓/螺母的表面。如图2-19中3所示。

（2）套筒接合器（成套套筒扳手）。如图2-20所示，它是用作一个改变套筒方形套头尺寸的连接器。

注意：超大力矩会将负载施加在套筒本身或小螺栓上。力矩要根据规定的拧紧极限施加。

（3）万向节（成套套筒扳手）。如图2-21所示，套筒的方形套头部分可以前后或左右移动，手柄和套筒扳手之间的角度可以自由变化，使其成为能在有限空间内工作的工具。

注意：

① 不要使手柄倾斜较大角度来施加扭矩。

② 勿用于风动工具。球节由于不能吸收旋转摆动而脱开，并造成工具、零件或车辆损坏。

（4）加长杆（成套套筒扳手），如图2-22所示。

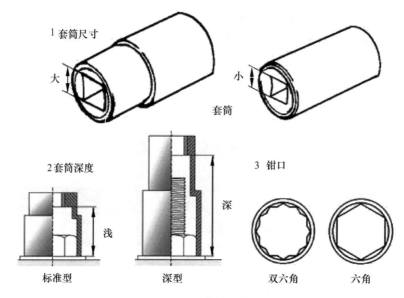

图 2-19 套筒的类型

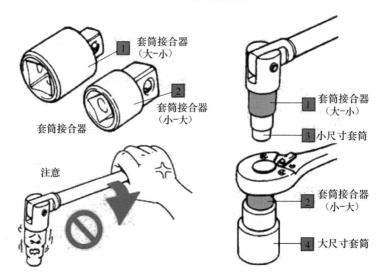

图 2-20 套筒接合器

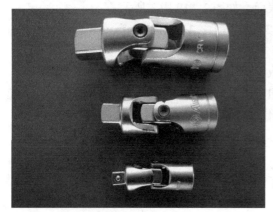

图 2-21 万向节

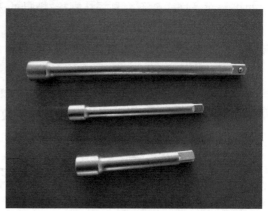

图 2-22 加长杆

① 可用拆下和更换装得太深不易接触的螺栓/螺母。
② 加长杆也用于将工具抬离平面一定高度,便于使用。

(5) 旋转手柄(全套套筒扳手)。通过滑动套筒的套头部分,手柄可以有两种使用方法,如图 2-23 所示。
① L-形:改进扭矩。
② T-形:增加速度。

(6) 滑动手柄(成套套筒扳手)。滑动手柄的使用如图 2-24 所示。
① 可以拧紧或松开螺栓/螺母。
② 不需要使用只能单方向转动的套筒扳手。
③ 套筒扳手可以以小的回转角锁住,可以在有限的空间中工作。

注意:不要施加过大扭矩,否则可能损坏棘爪的结构。

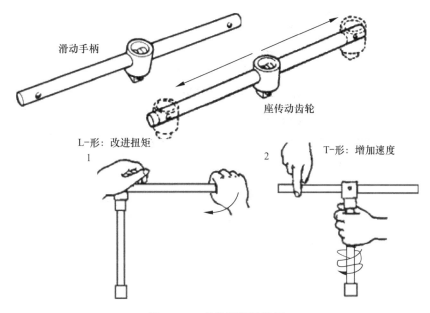

图 2-23 旋转手柄的使用

4) 活动扳手的使用方法与注意事项
(1) 使用时必须将活动钳口的开口尺寸调整合适。
(2) 应使扳手活动钳口承受推力,固定钳口承受拉力。

注意:如图 2-25 所示,用时用力要均匀,以免损坏扳手或使螺栓/螺母的棱角变形,造成打滑而发生事故。

5) 扭矩扳手的使用方法与注意事项
以预置式扭矩扳手为例介绍扭矩扳手的使用及使用注意事项。
(1) 根据工件所需扭矩值要求,确定预设扭矩值。
(2) 预设扭矩值时,将扳手手柄上的锁定环下拉,同时转动手节标尺主刻度线和微分度线数值至所需扭矩值。调节好后,松环,手柄自动锁定。
(3) 使用时,要左手托住或扶着工具的转动顶端,右手拉扭矩扳手的手柄,左右手要同时作用才能平衡扭矩扳手的作用力,否则扭矩扳手易脱出零部件伤害到人。

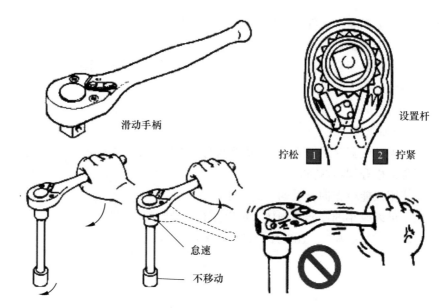

图 2-24 滑动手柄的使用

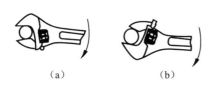

（a）　　　（b）

图 2-25 活动扳手的使用

(a) 正规操作；(b) 错误操作

（4）在扳手方榫上装上相应规格套筒，并套住紧固件，再缓慢均匀地用力操作。施加外力时必须按标明的箭头方向，当拧紧到发出信号"咔嗒"声时，说明已达到预设扭矩值，应停止加力。

（5）除紧固螺母、螺栓外，不要用于其他用途。

（6）要保持手柄清洁，不要沾上油污等脏物，否则紧固时容易造成打滑，引起事故。

（7）使用完后应将扭矩扳手平稳放置，避免因重物撞、压，造成扳手杆或扳手指针变形而影响扳手的精度，甚至损坏扳手。

（8）一定要进行定期检查，建议每周一次。

（9）当长时间不使用扭矩扳手时，应调至最小扭矩，擦上防锈油，放在干燥的地方保存，如果保存不当，将导致精确度迅速降低，同时影响使用寿命。

2. 旋具的使用方法与注意事项

（1）正确的握持方法是：以右手握持旋具，手心抵住旋具柄端，让旋具口端与螺栓（钉）槽口处于垂直吻合状态；当开始拧松或旋紧时，应用力将旋具压紧后再用手腕力按需要的力矩扭转旋具；当螺栓（钉）松动后，即可使手心轻压住旋具柄，用拇指、中指和食指快速扭转；使用较长的螺钉旋具时，可用右手压紧和转动旋具柄，左手握在旋具柄中部，防止旋具滑脱，以保证安全工作。使用完毕，应将旋具擦拭干净。

（2）旋具有木柄和塑料柄之分，塑料柄具有一定的绝缘性，适宜电工使用。

（3）使用前应先擦净旋具柄和口端的油污，以免工作时滑脱而发生意外。

（4）选用的旋具口端应与螺栓（钉）上的槽口相吻合，如图 2-26 所示，刀口端太薄易折断，太厚不能完全嵌入槽口内，易使旋具口和螺栓（钉）槽口损坏。

（5）使用时，不允许将工件拿在手上用旋具拆装螺栓（钉），以免旋具从槽口中滑出伤手。

（6）使用时，不可用旋具当撬棒使用，如图 2-27 所示，除夹柄螺钉旋具外，不允许用锤子敲击旋具柄。

（7）不允许通过扳手或钳子扳转旋具口端来增大扭力，以免使旋具发生弯曲或扭曲变形。

3. 钳子的使用方法与注意事项

（1）使用时，用手握住钳柄后端，使钳口开闭、夹紧。

（2）钳子的规格应与工件规格相适应，以免钳子小工件大造成钳子受力过大而损坏。

（3）使用完后应保持清洁，及时擦净。

（4）严禁用钳子代替扳手拧紧或拧松螺栓、螺母等带棱角的工件，以免损坏螺栓、螺母等工件的棱角，也不允许用钳子切割过硬的金属丝，如图 2-28 所示，以免造成刃口损坏。

   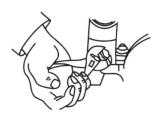

图 2-26　旋具的使用（一）　　图 2-27　旋具的使用（二）　　图 2-28　钳子的使用

（5）使用时，不允许用钳柄代替撬棒撬物体，以免造成钳柄弯曲、折断或损坏，也不可以用钳子代替锤子敲击零件。

4. 锤子的使用方法与注意事项

（1）使用前，必须检查锤柄是否安装牢固，如松动应重新安装，以防在使用时由于锤头脱出而发生伤人或损物事故。

（2）使用前，应清洁锤头工作面的油污，以免锤击时发生滑脱而敲偏，造成工件损坏或发生意外。

（3）使用时，应将手上和锤柄上的汗水及油污擦干净，以免锤子从手中滑脱而发生伤人或损物事故。

（4）使用时，手要握住锤柄后端，如图 2-29 所示，握柄时手的握持力要松紧适度，这样才能保证锤击时灵活自如。锤击时要靠手腕的运动，眼应注视工件，锤头工作面和工件锤击面应平行，才能使锤面平整地打在工件上，不能有如图 2-29 所示的错误使用方法。

（5）在锤击铸铁等脆性工件或截面较薄的零件或悬空未垫实的工件时，不能用力太猛，以免损坏工件。

（6）使用完毕，应将锤子擦拭干净。

5. 风动扳手的使用方法与注意事项

（1）如图 2-30 所示，扭矩可调到 4~6 级。

（2）如图 2-31 所示，旋转方向可以改变。

   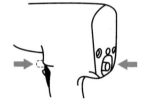

图 2-29　锤子的使用　　　　图 2-30　风动扳手扭矩的调节　　　　图 2-31　风动扳手旋向的调节

（3）风动扳手可以与专用的套筒结合使用，专用的套筒扳手经过专门加工，其特点是能防止零件从传动装置上飞出，切勿使用专用套筒扳手以外的其他套筒扳手。

（4）风动扳手要在正确的气压下使用（正确值：686 kPa）。

（5）要定期检查风动扳手并对风动扳手进行维护。

（6）在操作过程中，一般先用手将螺母对准螺栓旋进一些。如果一开始就打开风动扳手，则螺纹会被损坏。注意不要拧得过紧，使用较小的力拧紧。

（7）在操作时必须两只手握住工具。因为按按钮时将释放大的扭矩，可能引起振动。

（8）使用扭矩扳手检查紧固扭矩。

二、任务实施与考核

（1）由老师安排拆装项目，学生合理地选用常用工具进行拆装。在充分掌握上述知识与技能的前提下，完成工作单。

（2）教师根据学生实训的情况完成考核表（见表 2-1）。

表 2-1　教师考核记录表

实训项目：　常用工具的选择与使用

班级学号		姓名		
项目	必要的记录		分值	评分
扳手的选用			20	
旋具的选用			20	
钳子的选用			20	
风动扳手的选用			20	
工作单的填写情况			20（工作单成绩折算）	
总分				
			老师签字：_____年___月___日	

任务 2-2　常用量具的选择与使用

1. 能够描述游标卡尺的用途、种类及结构；
2. 能够描述千分尺的用途、种类及结构；

3. 能够描述百分表的用途、种类及结构；
4. 能够熟练使用游标卡尺、千分尺、百分表；
5. 能够熟练读取游标卡尺、千分尺、百分表的数值。

在汽车拆装与维护作业中，正确地使用量具是确保测量精度，符合技术标准，提高拆装与维护质量的重要保证。因此，维修技术人员必须熟悉常用量具的使用和维护方法。量具的种类很多，汽车拆装与维护中常用的量具有游标卡尺、千分尺、百分表等。

一、游标卡尺

1. 用途

游标卡尺是一种能直接测量工件内、外直径，宽度，长度，深度的量具。

2. 种类

按照测量功能可以将游标卡尺分为普通游标卡尺、深度游标卡尺、带表卡尺等；按照测量精度可以分为 0.1 mm、0.02 mm、0.05 mm 三种精度。

3. 结构

游标卡尺由尺身、游标、外测量爪、刀口内测量爪、深度尺、紧固螺钉等组成，如图 2-32 所示。

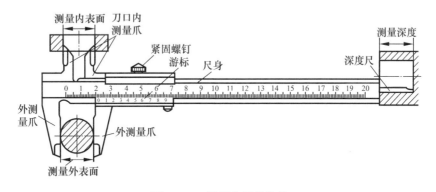

图 2-32 游标卡尺的结构

二、千分尺

1. 用途

千分尺俗称螺旋测微器，是比游标卡尺更为精确的一种精密量具，其测量精度可达 0.01 mm。

2. 种类

千分尺按用途不同可分为外径千分尺、内径千分尺、内测千分尺、深度千分尺、螺纹千分尺等；按测量范围可分为 0～25 mm、25～50 mm、50～75 mm、75～100 mm、100～125 mm 等多种不同规格。

3. 外径千分尺的结构

如图 2-33 所示，外径千分尺是由测砧、测微螺杆、螺纹轴套、固定套管、微分筒、调节螺母、测力装置、锁紧装置、隔热装置等组成的。

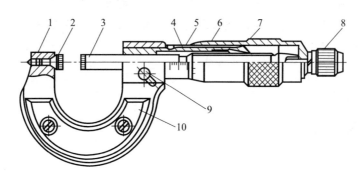

图 2-33　外径千分尺的结构

1—尺架；2—测砧；3—测微螺杆；4—螺纹轴套；5—固定套管；6—微分筒；7—调节螺母；
8—测力装置；9—锁紧装置；10—隔热装置

三、百分表

1. 用途

百分表主要用来测量机器零件的各种几何形状偏差和表面相互位置偏差（如平面度、垂直度、圆度和跳动量），也可测量工件的长度尺寸，也常用于工件的精密找正。

2. 种类

百分表按测量范围可分为 0～3 mm、0～5 mm、0～10 mm 等。

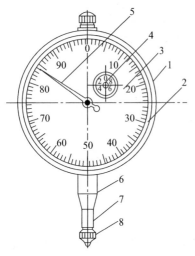

图 2-34　百分表的结构

1—表体；2—表圈；3—表盘；4—小指针；
5—主指针；6—装夹套；7—测杆；8—测头

3. 结构

如图 2-34 所示，百分表由表体部分、传动部分和读数装置等组成。

四、内径百分表

1. 用途

内径百分表又称为量缸表，是一种用于测量孔径的比较性专用量具，在汽车维修中，主要用于测量发动机气缸和轴承座孔的圆度误差、圆柱度误差或零件磨损情况。其测量精度为 0.01 mm。

2. 种类

内径百分表的规格是按测量直径的范围来划分的，如 18～35 mm、35～50 mm、50～160 mm 等，汽车维修作业中常用内径百分表的规格为 50~160 mm。

3. 结构

如图 2-35 所示，内径百分表由百分表头、表杆、接杆、表杆座、活动测杆（量头）和支承座等组成。为了测量不同内径，配有一套长度不等的接杆供测量时选择。

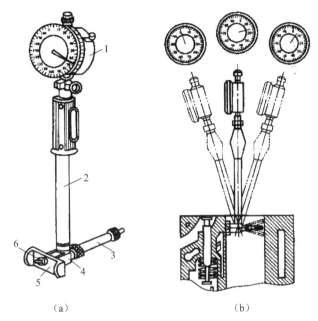

图 2-35 内径百分表及其应用
（a）内径百分表；（b）内径百分表测量实例
1—百分表头；2—表杆；3—接杆；4—表杆座；5—支承座；6—活动测杆

一、技能学习

1. 游标卡尺

1）使用方法

（1）使用前，先将工件被测表面和卡脚接触表面擦干净。

（2）测量工件外径时，将活动量爪向外移动，使两量爪间距大于工件外径，然后再慢慢地移动游标，使两量爪与工件接触，切忌硬卡硬拉，以免影响游标卡尺的精度和读数的准确性。

（3）测量工件内径时，将活动量爪向内移动，使两量爪间距小于工件内径，然后再慢慢地向外移动游标，使两量爪与工件接触。

（4）测量时，应使游标卡尺与工件垂直，固定锁紧螺钉。测外径时，记下最小尺寸；测内径时，记下最大尺寸。

（5）用深度游标卡尺测量工件深度时，将固定量爪与工件被测表面平整接触，然后缓慢地移动游标，使量爪与工件接触。移动力不宜过大，以免硬压游标而影响测量精度和读数的准确性。

（6）使用完毕后，应将游标卡尺擦拭干净，并涂一薄层工业凡士林，然后放入盒内存放，切忌折、压。

2）读数方法

因 0.02 mm 精度的游标卡尺最常用，下面以此精度等级的游标卡尺为例介绍读数方法。

读数步骤可以分为三步：

（1）读整数：先读出尺身上位于游标"0"线左边的整毫米数值，尺身上每格为 1 mm。

（2）读小数：

a. 找对齐：找出游标与尺身上某刻线对得最齐的那条刻线。

b. 数格数：数出该刻线位于游标上第几格。

c. 再相乘：用该格数乘上卡尺精度，得数即为小数部分的读数。

（3）求和：将上整读数与小数读数相加，即为被测尺寸。

例：读出如图 2-36 所示游标卡尺的读数。

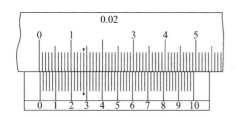

图 2-36 游标卡尺读数

如图 2-36 所示的游标卡尺的读数步骤：

（1）读整数：整刻度数为 0 mm。

（2）读小数部分：

a. 找对齐：第 14 条线与尺身上刻度对齐。

b. 数格数：为 14 格。

c. 再相乘：$14 \times 0.02 = 0.28$ （mm）。

（3）求和：图示读数为 $0 + 0.28 = 0.28$ （mm）。

2. 千分尺

1）使用方法

（1）误差检查。把千分尺砧端表面擦拭干净，旋转棘轮盘，使两个砧端先靠拢，直到棘轮发出 2~3 声"咔咔"声响，这时检视指示值。微分筒应与固定套筒的"0"线对齐，同时微分筒的"0"线与固定套筒的基线对齐。若两者中有一个"0"线不能对齐，则说明该千分尺有误差，应予检调后才能测量。

（2）将工件被测表面擦拭干净，并置于千分尺两砧端之间，使千分尺螺杆轴线与工件中心线垂直或平行，若歪斜着测量，则直接影响到测量的准确性。

（3）旋转旋钮，使砧端与工件测量表面接近，这时改用旋转棘轮盘，直到棘轮发出"咔咔"声响时为止，这时的指示数值就是所测量到的工件尺寸。

（4）测量完毕，必须倒转微分筒后才能取下千分尺。

（5）使用完毕，应将千分尺擦拭干净，保持清洁，并涂抹一薄层工业凡士林，然后放入盒内保存。禁止重压、弯曲千分尺，且两砧端不得接触，以免影响千分尺精度。

2）读数方法

（1）读整数：读出固定套筒上露出刻线的整毫米数和半毫米数。注意固定套筒上下两排刻线的间距为每格 0.5 mm。

（2）读小数：

a. 找对齐：找出微分筒上与固定套管基准线对准的那条刻线。

b. 数格数：数出该刻线位于微分筒上格数。

c. 再相乘：用格数乘上分度值 0.01 mm，得数即为小数部分的读数。

（3）求和：将整数读数与小数读数相加，即为被测尺寸。

例：读出图 2-37 所示千分尺读数。

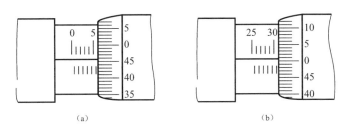

图 2-37 千分尺读数

（a）测量范围为 0~25 mm 的千分尺；（b）测量范围为 25~50 mm 的千分尺

图 2-37（a）所示千分尺的读数步骤为：

（1）读整数：固定套筒上露出整刻度数为 5.5 mm。

（2）读小数：

a. 找对齐：微分套筒上 46 刻线与固定套管基准线对准。

b. 数格数：对齐的刻线位于微分套筒上第 46 格。

c. 再相乘：46×0.01 = 0.46（mm）。

（3）求和：5.5 + 0.46 = 5.96（mm），所以图示读数为 5.96 mm。

图 2-37（b）所示千分尺的读数为：

整刻度数为 30.5 mm，小数部分为 0.00 mm。

图示读数为 30.5 + 0.00 = 30.50（mm）。

3. 百分表

1）使用方法

（1）将百分表固定在表架（支架）上，以测杆端测头抵住被测工件表面，并使测头产生一定位移，即指针存在一个预偏转值。

（2）移动被测工件，同时观察百分表表盘上指针的偏转量，该偏转量即被测物体的偏差尺寸或间隙值。

（3）百分表使用完毕后，应解除所有的负荷，用干净抹布将表面擦拭干净，并在容易生锈的金属表面涂抹一薄层工业凡士林，水平地放置盒内，严禁重压。

2）读数方法

百分表的表盘刻度一般分为 100 格，当测头每移动 0.01 mm 时，大指针就偏转 1 格（表示 0.01 mm）；当大指针转 1 圈时，小指针偏转 1 格（表示 1 mm）；指针的偏转量就是被测零件的实际偏差或间隙值。

4. 内径百分表

1）使用方法

（1）一只手拿住绝热套，另一只手尽量托住表杆下部，轻轻摆动表杆，使内径百分表

测杆与气缸轴线垂直（可通过观察百分表头的指针摆动情况来判断，当指针指示到最小数值时，即表示测杆已垂直于气缸轴线）。

（2）确定工件尺寸。

a. 如果百分表头的大指针正好指在"0"处，说明被测工件的孔径（缸径）与其校表尺寸相等，若以标准尺寸进行校表，则表示工件尺寸与标准尺寸相同。

b. 如果百分表头的大指针顺时针方向转离"0"位，则表示工件尺寸小于标准尺寸；反之则表示大于标准尺寸。

c. 通过对不同测量点的测量结果计算出圆度误差、圆柱度误差或工件的磨损情况。

2）读数方法

内径百分表读数方法与百分表相同，读出百分表头的指示数值即可。

二、任务实施与考核

（1）由老师安排测量项目，学生合理地选用常用量具。在充分掌握上述知识与技能的前提下，完成工作单。

（2）教师根据学生实训的情况完成考核表（见表2-2）。

表 2-2　教师考核记录表

实训项目：　常用量具的选择与使用

班级学号		姓名		
项目	必要的记录		分值	评分
游标卡尺的使用			10	
游标卡尺的读数			15	
千分尺的使用			10	
千分尺的读数			15	
百分表的使用			10	
百分表的读数			10	
工作单的填写情况			30（工作单成绩折算）	
总分				
			老师签字：_____年___月___日	

任务 2-3　常用举升设备的使用

1. 能够描述举升机的种类；
2. 能够描述举升机的结构及工作原理；
3. 能够熟练操作举升机。

汽车举升机是指汽车维修行业用于汽车举升的汽保设备，举升机在汽车拆装与维护中发挥着至关重要的作用。本任务主要介绍举升机的使用及使用注意事项。

一、举升机概述

汽车举升机是汽车维修厂常用设备之一，它将维修的汽车进行举升，使其离开地面一定高度，以便于维修人员进入汽车底部作业，或进行轮胎拆卸、四轮定位等工作。举升机在汽车维修养护中发挥着至关重要的作用，无论整车大修还是小修保养都离不开它，所以能否正确操作直接影响维修人员的人身安全。

二、举升机的种类

按照举升机举升装置的形式来分有丝杠螺母举升式、链条传动举升式、液压缸举升式、齿轮齿条式。

按照举升机的功能和形状来分，一般可分为两柱、四柱、剪式三大类。

按照举升机的驱动类型来分，主要分为气动式、液压式、机械式三大类。液压式是现在使用最多的，气动式和机械式使用得较少。

三、举升机的结构及工作原理

下面以 SYJ-320 型双柱举升机为例介绍举升机的结构及工作原理。

1. SYJ-320 型双柱举升机的结构

如图 2-38 所示，SYJ-320 型双柱举升机以主、副立柱为主体，液压系统驱动两个油缸，油缸中的活塞、活塞杆、提升轮连接成一体，提升链条连接滑车和提升轮。4 个提升臂铰接于滑车，可在 90°范围内回转，以回转和滑动抽拉臂来调整不同车型的支撑部位。提升臂上设有锁止机构，防止其在工作时回转。两滑车由同步提升钢索保持同步升降。两滑车内

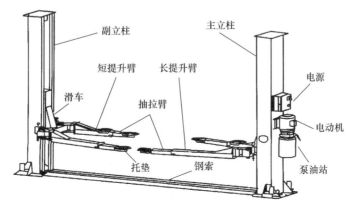

图 2-38　SYJ-320 型双柱举升机的结构

设有机械保险装置。在提升时由于机械保险键能自动进入和脱开保险点，同时发出撞击声，以此作为判断机械保险装置工作正常和两滑车同步的依据。

2. SYJ-320型双柱举升机的工作原理

车辆举升时，按压电动机开关，电动机转动带动液压泵工作，建立一定的油压并输送到两个油缸，油压推动与活塞杆制成一体的提升轮上行，提升轮通过链条带动滑车上行，滑车带动提升臂上行，车辆被举升。

车辆达到目标高度后，需要停止举升时，松开电动机开关，压下手动卸荷阀，释放两油缸内的油压，待车辆下降少许停稳后，才能进入车下工作，此时，滑车内的机械保险键已进入保险点，即可靠锁止。

车辆下降时，按压电动机开关，先将车辆上升少许，使机械保险键离开保险点，然后用力下拉机械保险的拉线，解除保险。然后压下手动卸荷阀，释放油缸中的油压，车辆慢慢下降。

四、其他类型举升机的使用

1. 四柱举升机

四柱举升机的结构如图2-39所示。

图2-39　四柱举升机的结构

1）使用方法

使用前的准备工作如下：

① 按照说明书对有关部位进行日常检查。

② 检查液压油油箱的油位是否正常。

③ 举升机空载作业。

a. 接通电源，按压电动机上升按钮，工作平台应能正常上升。松开按钮，工作平台应能可靠停止。

b. 上升到一定高度后停止，将工作平台挂钩挂上，此时4个挂钩必须能可靠地挂在立柱内的挂板上。

c. 转动换向阀供气时，4个挂钩应能完全脱离挂板。

d. 按下降按钮，工作平台应以正常速度下降，松开下降按钮，工作平台应能可靠停驻。

注意：在上述过程中，举升机应无异常噪声及其他不正常现象。

④ 举升机负载作业。

a. 将汽车驶到工作平台上，拉紧驻车制动器，驾驶员离开工作平台。

b. 将防滑支座可靠地垫在汽车轮胎的前后方。

c. 不供气状态下，按上升按钮，将工作平台升至所需的高度。

d. 点动下降按钮，使4个挂钩均可靠地支撑在挂板上，此时方可进入工作区进行维修或调整作业。

e. 修理或调整工作完毕后，点动上升按钮，将换向阀转至供气位置，使4个挂钩脱离挂板，按下降按钮，工作平台下降。

f. 工作平台降至下极限位置时，挪开防滑支座，将汽车驶离工作平台。

g. 清洁工位。

2）使用注意事项

（1）平时应设专人操作、保养、维修举升机设备，禁止未阅读过说明书及无操作资格的人员擅自操作举升机。

（2）汽车停放的位置应使其重心接近工作平台的重心。

（3）工作平台升降过程中，任何人员不得滞留于工作平台上或工作平台下面。

（4）禁止举升机在有故障的情况下运行。

（5）只有在确定4个安全挂钩挂上后，操作人员才可进入工作区。

2. 剪式举升机

剪式举升机的结构如图2-40所示。

1）使用方法及注意事项

（1）操作前，应先排除举升机周围和下方的障碍物。

（2）升降时，举升机规定区域以及平台上的车辆内不能有人。

图2-40　剪式举升机的结构

（3）不能举升超过举升机举升能力范围的车辆。

（4）举升时，应在车辆底盘下方垫上胶垫。

（5）升降过程中随时观察举升机平台是否同步，发现异常时应及时停止，检查并排除故障后方能投入使用。

（6）下降操作时，先将举升平台上升一点，注意观察两保险爪与保险齿间是否完全脱开，否则停止下降。

（7）举升机长期不用或过夜时，平台应降到最低位置，并开走车辆，切断电源。

2）维护与保养

（1）应由经过培训的操作人员作业。

（2）举升机所有支铰轴处，每周用机油壶加机油一次。

（3）保险齿条及上下滑块等移动部位，每月加一次润滑脂。

（4）每年更换一次液压油，油位应长期保持上限。

一、技能学习

1. 整车举升前的准备工作

（1）排除举升平台周围和提升臂下面的障碍物。

（2）清洁举升机和工位地面卫生。

（3）检查举升机立柱的地脚螺栓是否有松动或丢失的现象。

（4）如图2-41所示，用手握住操纵手柄，竖直向上拉起，待调整齿和锁止齿分离且锁止齿的下端面高于挡块时，转动手柄90°，使锁止齿卡在挡块上。

(5) 检查4个抽拉臂的托垫橡胶是否老化、断裂；连接托垫与座的固定螺栓是否松动；座轴与承孔是否有较大的旷量。

(6) 检查油缸和高压油管接头处是否有油迹等漏油现象。

2. 举升机的操作步骤

(1) 将汽车驶到举升机上，要注意车头方向，保持车头和举升机的短提升臂方向一致。并且车辆停驻在主、副立柱和提升钢索、高压油管保护罩的中间位置，即将车辆停驻于举升平台的中央位置。

(2) 拉紧驻车制动器或变速器置于空挡，自动变速器车辆把挡位置于P挡位。

(3) 找到车辆底板上的支撑点，如图2-42所示。调整提升臂的角度和抽拉臂的长度，将托垫对正支撑点，必要时使用重量延伸器。

图2-41 将锁止齿卡在挡块上

图2-42 车辆底板上的支撑点

注意：车辆的支撑点，通常位于底板两侧，前后车轮之间，每侧两个。常见的支撑点有两种形式：圆盘突起式和卷边加强式。

(4) 在举升机与汽车定位检查稳妥后，如图2-43所示，按压电动机开关，将汽车顶离地面。在汽车离地面5 cm左右时，摇晃车辆，如图2-44所示，察看是否有窜动迹象。如汽车在举升机上定位不牢固或有不正常声音，应把汽车降落，重新调整。

图2-43 按压电动机开关

图2-44 检查车辆是否有窜动

(5) 操纵举升机举升汽车至所需高度。在汽车举升到预期高度后，如图2-45所示，压下手动卸荷阀，车辆下降少许后处于锁止状态。只有确认举升机处于锁止状态后，才可进到汽车下工作。

（6）完成工作后，按下电动机开关，使车辆上升少许，松开电动机开关。

（7）如图2-46所示，用力拉下机械保险的拉线，解除滑车的锁止。

图2-45 压下手动卸荷阀

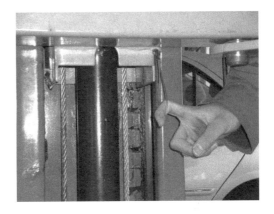

图2-46 用力拉下机械保险的拉线

（8）压下手动卸荷阀手柄，将车辆慢慢降下。

（9）待车辆平稳降到地面且托垫与支撑点分离后，推回抽拉臂，将短提升臂回转至立柱内侧并锁止，将长提升臂回转至立柱外侧并锁止，然后把车辆驶出举升作业区。

（10）操作完毕后，关闭电动机电源，清洁举升机和工位地面卫生。

二、任务实施与考核

（1）要求学生独立操作举升机。在充分掌握上述知识与技能的前提下，完成工作单。

（2）教师根据完成的情况完成考核表（见表2-3）。

表2-3 教师考核记录表

实训项目：　常用举升设备的使用　

班级学号		姓名		
项目	必要的记录		分值	评分
安全意识			10	
举升前的准备工作			20	
举升机的使用过程			30	
作业后的整理			10	
工作单的填写情况			30（工作单成绩折算）	
总分				
			老师签字： 　　　年　　月　　日	

任务 2-4　汽车拆装与维护作业中的安全防范

任务目标

1. 能够描述汽车拆装与维护作业中的有害因素及其防范措施；
2. 能够描述汽车维修人员的基本素养；
3. 能够描述 5S 理念。

任务引入

汽车维修车间的安全也是非常重要的，安全预防知识和操作会防止严重的个人伤害和昂贵的财物损害，同时作为汽车维修人员，还应该具有基本职业素养。

相关知识

一、汽车从业人员的基本要求

为了能更加高效而安全可靠地进行维修，您应该达到以下要求。

1. 穿戴要求

如图 2-47 所示，着装安全，不戴饰物，穿干净的制服（工作服），一直穿安全鞋，并根据作业项目选戴护目镜、护耳塞等。提升重的物体或拆卸热的排气管或类似的物体时，建议戴上手套。然而，对于普通的维护工作戴手套并非一项必需的要求。

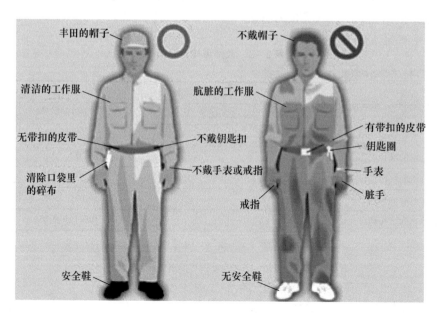

图 2-47　维修人员工作着装比较

2. 爱护车辆

（1）要使用座椅套、翼子板布、前格栅布、方向盘套和地板垫。

（2）小心驾驶客户车辆，在客户车内不抽烟。

（3）拿走留在车上的垃圾和零件箱。

3. 车间整洁有序

要保持车间（地面、工具架、仪表、举升机等）的整洁有序，必须做到以下几点。

（1）拿开不必要的物件。

（2）整齐有序地放置零部件和材料。

（3）经常打扫、清洗和擦净地面。

（4）汽车停正并用三角木顶住车轮后，拉起手刹方可作业。

4. 作业前充分准备

作业前，应准备好相应工具、拆装中可能更换的易损件及必换的一次性零件，准备好润滑油、冷却液等材料。如果是第一次进行该项作业，必须仔细阅读相关的维修手册、说明书等资料。

5. 做好作业后工作

拆装作业后，仔细检查所有机件是否都已复位，清洁机件。然后清洁工具和工位，完成记录（作业项目、更换机件、使用工具，尤其是出现安全隐患及事故）。将旧的零件放在塑料袋或者空零件袋中，并放在预定的地方。

6. 后续工作

后续工作的内容主要有以下两项：

（1）完成维修单和维修报告（例如：记录故障原因、更换的零件、更换原因、工时及责任人等）。

（2）在工作中发现任何异常情况及未列在维修单上的任何其他信息，必须通知管理人员。

二、汽车维修作业中的安全防范

1. 火灾

在对汽车的维修和使用中，有可能因操作不当而引发火灾。如图 2-48、图 2-49 所示。

图 2-48　正确的做法

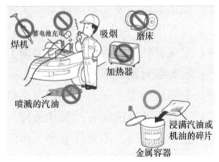

图 2-49　错误的做法

预防措施：

（1）如果火灾警报响起，所有人员应当配合扑灭火焰。要做到这一点，他们应知道灭火器放在何处，如何使用。

（2）除非在吸烟区，否则不要抽烟，并且要确认将香烟熄灭在烟灰缸里。

（3）吸满汽油或机油的碎布有时有可能自燃，所以它们应当被放置到带盖的金属容器内。

（4）在机油存储地或可燃的零件清洗剂附近，不要使用明火。

（5）千万不要在处于充电状态的电池附近使用明火或产生火花，因为它们产生了可以点燃的爆炸性气体。

（6）仅在必要时才将燃油或清洗溶剂携带到车间，携带时还要使用能够密封的特制容器。

（7）不要将可燃性废机油和汽油丢弃到阴沟里，因为它们可能导致污水管系统产生火灾。始终将这些材料倒入一个排出罐或者一个合适的容器内。

（8）在燃油泄漏的车辆没有修好之前，不要起动该车辆上的发动机。修理燃油供给系统，例如拆卸化油器时，应当从蓄电池上断开负极电缆以防止发动机被意外起动。

2. 电器伤害

电器伤害主要指因操作、设备的不规范所引起的触电，或因电路老化等原因所产生的电火花而引起的火灾。如图 2-50、图 2-51 所示。

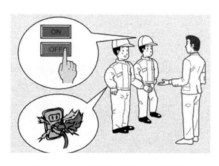

图 2-50　电器电线的正确操作

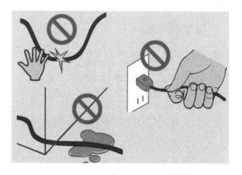

图 2-51　电器电线的错误操作

预防措施：

（1）如果发现电气设备有任何异常，立即关掉开关，并联系管理员/领班。

（2）如果电路中发生短路或意外火灾，在进行灭火步骤之前首先关掉开关。

（3）向管理员/领班报告不正确的布线和电气设备安装。

（4）发现有任何保险丝熔断都要向上级汇报，因为保险丝熔断说明有某种电气故障。

（5）不要靠近断裂或摇晃的电线。

（6）为防止电击，千万不要用湿手接触任何电气设备。

（7）千万不要触摸标有"发生故障"的开关。

（8）拔下插头时，不要拉电线，而应当拉插头本身。

（9）不要让电缆通过潮湿或浸有油的地方、炽热的表面，或者尖角附近。

（10）在开关、配电盘或电动机等物附近不要使用易燃物，因为它们容易产生火花。

3. 机械伤害

在维修过程中，会因操作及设施的不规范而引起员工的挤、夹、扭、摔、划、割、砸、压等伤害。如图2-52、图2-53所示。

图2-52 湿滑的地面对人体造成伤害

图2-53 使用电动设备时的安全规范

预防措施：

（1）不要把工具或零件留在你或者其他人有可能踩到的地方。将其放置在工作架或工作台上，并养成好习惯。

（2）立即清理干净任何飞溅的燃油、机油或者润滑脂，防止自己或者他人滑倒。

（3）工作时不要采取不舒服的姿态，否则不仅会影响你的工作效率，而且有可能会使你跌倒和伤害到自己。

（4）处理沉重的物体时要极度小心，因为如果它们跌落到你的脚上你可能会受伤。而且，记住如果你试图举起一个对你来说太重的物体，你的背部可能会受伤。

（5）从一个工作地点转移到另外一个工作地点时，一定要走指定的通道。

（6）不要在开关、配电盘或电机等附近使用可燃物，因为它们容易产生火花，并造成火灾。

（7）如果不正确地使用电气、液压和气动设备，可能导致严重的伤害。

（8）使用产生碎片的工具前，戴好护目镜。

（9）操作旋转的工具或者工作在一个有旋转运动的地方时，不要戴手套。手套可能被旋转的物体卷入，从而伤到你的手。

（10）用升降机升起车辆时，初步提升到轮胎稍微离开地面为止。然后，在完全升起之前，确认车辆牢固地被支撑在升降机上。升起后，千万不要试图摇晃车辆，否则可能导致车辆跌落，造成严重伤害。

4. 化工用品

1）化工用品对人体的危害

汽车使用的各种化工产品往往会产生有害的气体或对人体造成伤害。比如：

（1）电解液。电解液是由硫酸和水构成的，硫酸具有强烈的腐蚀性。

（2）石油产品。燃油及废、旧机油等都含有对人体有害的物质，长期接触会导致癌变或中毒。这些液体若被误食、吸入、溅入眼睛、接触皮肤，均会造成人身伤害。

（3）防冻液。防冻液的主要成分是有毒的乙二醇。

（4）化油器清洁剂。大部分的化油器清洁剂中都含有甲基氯化物、芳香族类，还有乙醇，它们都有一定的毒性。

2）预防措施

在使用化工用品时，要戴好各类防护用品，包括防毒面具、防护眼镜、防护手套等。当这些化学用品被误食、吸入、溅入眼睛、接触皮肤时，应立即送医院治疗。

5. 废气

1）废气对人体的伤害

发动机排出的废气中含有对人体、环境有害的成分。国际上已经将汽车废气作为污染环境的最主要因素。人长时间吸入含有一定浓度的废气，会引起极大的甚至致命的伤害。

2）预防措施

在车间的任何地方、任何时间起动车辆，都要使用尾气吸排设备和通风设备。

三、5S 理念

1. 5S 理念概述

（1）5S 活动起源于日本，是一种优秀的现场管理技术。
（2）5S 是保持车间环境，实现轻松、快捷和可靠工作的关键点。

2. 5S 理念的内容

1）SEIRI（整理）

按照必要性，组织和利用所有的资源，包括工具、零件或信息等，在工作场地指定一处地方来放置所有不必要的物品。收集工作场地中不必要的东西，然后丢弃不必要的物品。

（1）按照必要性，组织和利用所有的资源，包括工具、零件或信息等。
（2）在工作场地指定一处地方来放置所有不必要的物品。收集工作场地中不必要的东西，然后丢弃。
（3）丢弃不必要的物品。

整理的目的：此过程将确定某种项目是否需要，不需要的项目应立即丢弃以便有效利用空间。

2）SEITON（整顿）

（1）将很少使用的物品放在单独的地方。
（2）将偶尔使用的物品放在你的工作场地。
（3）将常用的物品放在你的身边。

整顿的目的：方便零件和工具的使用，节约时间。

3）SEISO（清扫）

（1）一个肮脏的工作环境是缺少自信的反映。
（2）要养成保持工作场地清洁的好习惯。

清扫的目的：清除工作场所的脏污，使设备永远处于完全正常的状态，以便随时可以使用。

4）SEIKETSU（清洁）

（1）任何事情都要有助于使工作环境保持清洁，如颜色、形状，以及各种物品的布局、照明、通风、陈列架以及个人卫生。
（2）如果工作环境变得清新明亮，它能够给顾客带来良好的气氛。

清洁的目的：清洁是一个努力保持整理、整顿和清扫状态的过程，防止任何可能问题的发生。

5) SHITSUKE（自律）

(1) 自律形成文化基础，这是确保与社会协调一致的最起码的要求。

(2) 自律是学习规章制度方面的培训，通过学习等可使学生具有优良意识和良好习惯。

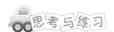
思考与练习

一、思考题

1. 简述开口扳手的使用方法。
2. 简述尖嘴钳的使用方法。
3. 简述扭矩扳手的使用方法及注意事项。
4. 简述常用工具的选用原则。
5. 简述游标卡尺如何使用及怎样读数。
6. 简述千分尺如何使用及怎样读数。
7. 简述百分表如何使用及怎样读数。
8. 简述举升机的分类。
9. 简述双柱举升机的操作步骤。
10. 简述四柱举升机的操作步骤。
11. 简述剪式举升机的操作步骤。
12. 5S 理念的内容有哪些？

二、单项选择题

1. 扳手的选用原则，按照先后顺序应为（　　）。
   A. 开口扳手、套筒扳手、梅花扳手　　B. 套筒扳手、梅花扳手、开口扳手
   C. 开口扳手、梅花扳手、套筒扳手　　D. 梅花扳手、套筒扳手、开口扳手
2. 除（　　）外，其他扳手都不能装加力杆。
   A. 开口扳手　　B. 梅花扳手　　C. 套筒扳手　　D. 活动扳手
3. （　　）使用灵活安全，可以任意组合。
   A. 套筒扳手　　B. 开口扳手　　C. 梅花扳手　　D. 活动扳手
4. （　　）可读出所施扭矩大小。
   A. 开口扳手　　B. 扭矩扳手　　C. 套筒扳手　　D. 活动扳手
5. 拆装火花塞应用（　　）。
   A. 火花塞套筒　　B. 套筒　　C. 开口扳手　　D. 梅花扳手
6. 0.02mm 游标卡尺，游标上的 50 格与尺身上的（　　）mm 对齐。
   A. 51　　B. 49　　C. 50　　D. 41
7. 通过更换可换接头，可改变内径百分表的（　　）。
   A. 精度　　B. 结构　　C. 用途　　D. 量程
8. 在使用百分表时，测量头与被测表面接触时测量杆应有一定的预压量，一般为（　　）mm。
   A. 0.2~0.3　　B. 0.3~1　　C. 1~1.5　　D. 1.5~3

9. 用内径千分尺测量孔径时，让活动测头在被测孔壁上的轴向和圆周方向细心摆动，直到在轴向找到最小值和在径向上找到（　　）为止。

　A. 最小值　　　　　B. 最大值　　　　　C. 中间值　　　　　D. 无所谓

10. 千分尺不能测量（　　）。

　A. 固定零件　　　B. 外回转体的零件　　C. 旋转中的零件　　D. 精致的零件

11. 用量具测量读数时，目光应（　　）量具的刻度。

　A. 垂直于　　　　　B. 倾斜于　　　　　C. 平行于　　　　　D. 任意

三、多项选择题

1. 扳手有（　　）等。

　A. 开口扳手　　　　B. 套筒扳手　　　　C. 梅花扳手　　　　D. 扭矩扳手

2. 一字螺钉旋具常用的规格有（　　）等几种。

　A. 50 mm　　　　　B. 75 mm　　　　　C. 125 mm　　　　　D. 150 mm

3. 轿车维修作业中常用的钳子有（　　）。

　A. 鲤鱼钳　　　　　B. 钢丝钳　　　　　C. 尖嘴钳　　　　　D. 卡簧钳

4. 游标卡尺是一种能直接测量工件（　　）的量具。

　A. 内直径　　　　　B. 外直径　　　　　C. 长度　　　　　　D. 深度

5. 按照用途不同，千分尺可分为（　　）等。

　A. 外径千分尺　　　B. 内径千分尺　　　C. 内测千分尺　　　D. 深度千分尺

6. 按照举升机装置形式的不同，举升机可分为（　　）。

　A. 丝杠螺母举升式　B. 链条传动举升式　C. 液压缸举升式　　D. 齿轮齿条式

7. 按照举升机驱动类型的不同，举升机主要分为（　　）。

　A. 气动式　　　　　B. 气液混合式　　　C. 液压式　　　　　D. 机械式

8. 下列选项属于5S理念的内容的有（　　）。

　A. 整理　　　　　　B. 整顿　　　　　　C. 清扫　　　　　　D. 清洁

四、判断题

1. 梅花扳手钳口是双六角形的，可以容易地装配螺栓/螺母，因此能够在一个有限空间内重新安装。（　　）

2. 套筒接合器是用作改变套筒方形套头尺寸的一个插接器。（　　）

3. 旋转手柄可以拧紧或松开螺栓/螺母，顺时针为拧紧，逆时针为拧松。（　　）

4. 旋具使用时可以用它当撬棒使用。（　　）

5. 严禁用钳子代替扳手拧紧或拧松螺栓、螺母等带棱角的工件，以免损坏螺栓、螺母等工件的棱角。（　　）

6. 锤子使用前，必须检查锤柄是否安装牢固。（　　）

7. 使用量具测量前，不可施加过大的作用力。（　　）

8. 游标卡尺是一种中等精度的量具，不能测量精度要求高的零件，但可以用来测量毛坯件。（　　）

9. 用千分尺测量工件时，可一边轻轻转动工件一边测量。（　　）

10. 检查汽车底部时要注意举升架的锁止。（　　）

11. 举升汽车时应分两次举升，检查支点是否正确。（　　）

项目三
发动机的拆装与维护

🕐 任务 3-1 发动机总成的拆装

1. 能够正确描述发动机总体组成及各系统的组成和功用;
2. 能够正确选用工具;
3. 能够正确描述拆装发动机总成的注意事项;
4. 能够熟练拆装发动机总成。

发动机总成的拆装是汽车发动机大修所需要的工作程序。下面就以桑塔纳轿车的汽油发动机为例,介绍发动机总成的拆卸与安装。

一、基本修理注意事项

基本修理注意事项如图 3-1 所示。

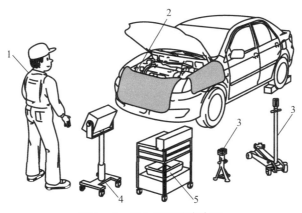

图 3-1 基本修理注意事项

1—着装;2—车辆保护;3—举升设备;4—准备工具和测量仪表;5—拆下的零件的处理

(1) 着装：进行汽车修理时，务必穿着干净的工作服，戴好帽子，穿好安全鞋。

(2) 车辆保护：修理作业开始前，准备好散热器格栅罩、翼子板保护罩、座椅护面、地板垫、转向盘罩及挡位杆罩等物品。

(3) 安全操作：两个或两个以上人员一起工作时，一定要相互检查安全情况。发动机运转的情况下进行工作时，确保工作间通风，以排出废气。维修高温、高压、旋转、移动或振动的零件时，一定要佩戴适当的安全设备，并且格外注意不要碰伤自己或他人。顶起车辆时，一定要使用安全底座支承规定部位。举升车辆时，使用适当的安全设备。

(4) 准备工具和测量仪表：开始操作前，准备好工具台、工具、仪器仪表、耗材和更换的零件。

(5) 拆卸和安装、拆解和组装操作：充分了解正确的维修步骤和报修故障后，对故障进行诊断。拆下零件前，检查总成的总体状况以确认是否变形或损坏。对于复杂的总成，要做记录。例如，记录拆下的电气连接、螺栓或软管的总数，并做上装配标记，以确保重装时各零部件装到原位置上。必要时，可对软管及其接头做临时标记。如有必要，则清洗拆下的零件，并且在全面检查后进行组装。

(6) 拆下的零件的处理：应将拆下的零件放在一个单独的盒子内，以免与新零件混淆或弄脏新零件。对于不可重复使用零件，如衬垫、O形圈、自锁螺母，要按照本书中的说明用新件进行更换。

二、具体部件总成拆装的注意事项

具体部件总成拆装有以下注意事项：

(1) 顶起和支撑车辆时一定要小心。一定要在正确的位置顶起和支撑车辆。

(2) 预涂零件。预涂零件是指在工厂中用密封锁止胶涂抹过的零件，如螺栓和螺母。重新紧固、松开或移动预涂零件后，必须用规定的黏合剂重新涂抹。再次使用预涂零件时，一定要清除旧黏合剂并用压缩空气吹干，然后在该零件上涂抹新密封锁止胶。一些密封锁止胶固化比较缓慢，这样需要等一段时间再进行装配。

(3) 衬垫必要时，在衬垫上涂抹密封胶以防泄漏。

(4) 螺栓、螺母和螺钉要严格遵守关于紧固力矩的所有技术规范。务必使用扭矩扳手。

(5) 真空软管的拆卸和安装。要断开真空软管，应拉动并扭曲软管末端。不要拉动软管的中间部位，否则可能损坏软管。断开真空软管时，应使用标签加以区分，以便重新连接。如图3-2所示，完成任何有关软管的修理后，应再次检查真空软管连接是否正确。使用真空表时，切勿强行将软管插接到尺寸过大的接头上。软管一旦被过度拉伸可能会漏气。如有必要，则使用口径逐步缩小的转换接头。

(6) 蓄电池端子的拆卸与安装。断开并重新连接蓄电池负极（−）端子电缆后，一些车型的某些电控系统需要初始化。在进行电气操作前，要从蓄电池负极（−）端子断开电缆，以免因意外短路而造成零部件和配线的损坏。断开电缆时，关闭发动机开关和前照灯变光开关，并完全松开电缆螺母。进行这些操作时，不得扭曲或撬动电缆，如图3-3所示，然后断开电缆。从蓄电池负极（−）端子断开电缆时，时钟设定、收音机设定、音响系统的存储内容、DTC和其他数据都将被清除。断开电缆前应记录下必要的数据。

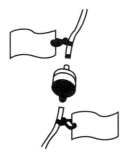
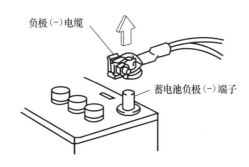

图 3-2 真空软管的拆装　　　　　图 3-3 蓄电池端子拆装

(7) 燃油控制部件的拆卸和安装。拆卸和安装燃油系统等部件时，须选择通风良好且无焊机、研磨机、钻孔机、电动机、火炉或任何其他点火源的场所进行操作。切勿在坑道或坑道附近工作，因为这些地方可能存有挥发的燃油蒸气。开始操作前应准备好灭火器。为防止静电，应在换油器、车辆和燃油箱上安装搭铁线，且严禁在周围区域洒水。在该场所工作时务必小心，因为工作面将变滑。严禁用水清除溅出的汽油，否则会导致汽油扩散而引起火灾。避免使用电动机、工作灯和其他可能产生火花或高温的电气设备。避免使用铁锤，因为它们可能产生火花。使用防火容器单独清理沾有燃油的布。

(8) 发动机进气部件的拆卸和安装。任何进入进气系统部件中的金属微粒，都可能损坏发动机。拆卸和安装进气系统部件时，应封住拆下零件的开口和发动机开口。使用胶带或其他适当的材料，如图 3-4 所示。安装进气系统部件时，检查并确认没有金属微粒进入发动机或安装零件。

(9) 软管卡夹的处理。拆下软管前，检查卡夹的位置，以便将其重新安装到相同位置。用新件更换变形的或有凹痕的卡夹。重新使用软管时，将卡夹固定在软管的卡夹压痕部位。对于弹簧式卡夹，通过图 3-5 所示箭头方向推凸耳，即可在安装后略微展宽凸耳。

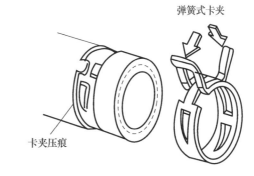

图 3-4 进气系统部件的拆装　　　　　图 3-5 软管卡夹的拆装

任务实施与考核

一、技能学习

1. 桑塔纳 AFE 型发动机总成的拆卸

一般先将发动机与变速器脱开，再用吊具将发动机从汽车上吊下来。发动机吊具代号为

V. A. G1202，如图 3-6 所示。发动机总成的拆卸步骤如下：

（1）放净发动机油底壳中的机油，并加以收集。

（2）从蓄电池上拆卸下搭铁线或从汽车上卸下蓄电池。

（3）将暖风开关拨到"暖气"位置。

（4）打开散热器盖。

（5）水泵有三个进口：自散热器出水口来的大循环进口，自暖风出水口来的进入水泵的第二进口，小循环时的水泵进口。将水泵大循环进口处拆开，放出冷却液，并用容器收好，以便以后使用。

图 3-6　V. A. G1202 型发动机吊具

（6）拆卸全部在发动机上的与电子控制系统相关联的线接头（包括分电器上的中心高压线），并移开线束。

（7）拆下并移开所有与发动机上相连接的真空管、油管，并用清洁布料（不会脱丝的织布）堵住各管口。有必要时应使用编号纸带加以标注，以便装配时对号入座。

（8）拆下散热器支架，取出散热器、风扇及护风罩整体。

（9）拧松发电机张紧支架螺栓和空调压缩机架螺栓，卸去皮带。

（10）拆下空气滤清器及管道，并用清洁布料盖住进气管口。

（11）将空调压缩机先从发动机上卸下，注意不要拆开或分离各管道，而应将压缩机和管道一起移在车身一侧用软线缚住，如图 3-7 所示。

（12）卸开节气门拉索和离合器拉索。

（13）拆下起动机上导线接头，拆卸起动机紧固螺栓，卸下起动机总成。

（14）拆下排气管与排气歧管接口处螺栓，将排气管分开，注意断开氧传感器的线接头。

（15）拆下发动机和变速器的连接螺栓和飞轮壳的固定螺栓，将变速器脱开。

（16）如图 3-8 所示，拆下发动机支承橡胶缓冲块锁紧螺母。

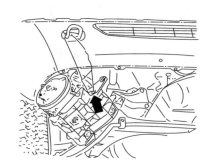

图 3-7　将空调压缩机固定在车身上

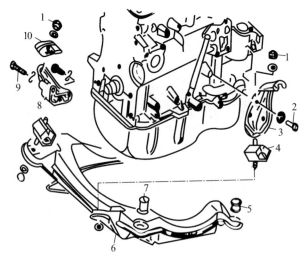

图 3-8　发动机的支承

1—固定螺母；2—支架固定螺栓；3—发动机左支架；4—橡胶缓冲块；5—发动机悬架后橡胶支承；6—发动机悬架；7—发动机悬架前橡胶支承；8—发动机右支架；9—右支架固定螺栓；10—垫板

（17）将吊座夹头放在发动机后端，旋紧连接螺栓，如图3-9所示。

（18）拆卸下正时齿带（齿形带）上的防护罩。

（19）如图3-10所示，放入吊架2024A。在V形带轮端，对第3号位第3孔插入销子；在飞轮端，将销子插入8号位第2孔（标在吊架上的1~4号插孔，对着V形带轮方向，板铁的孔位从吊钩端数起）。插销与吊钩，均用弹簧开口销保险。

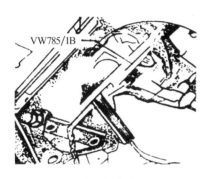

图3-9 安装吊座夹头VW785/1B

图3-10 安装吊架

（20）起吊发动机，使发动机脱离发动机支座。再次拧紧VW785/1B吊座夹头的支承螺栓。

（21）拔出发动机与变速器的连接螺栓，使发动机脱离变速器。转动发动机，并将发动机逐渐吊起。这时应十分细心，以免在吊起过程中碰坏有关结构件。

（22）用VW540托架（见图3-11），将发动机固定在装配架（旋转架）上。

2. 桑塔纳AFE型发动机总成的安装

发动机的安装步骤基本上与拆卸步骤相反，但应注意下列事项：

（1）检查离合器分离轴承的磨损情况，必要时更换。

（2）分离轴承、离合器从动盘和变速器输入轴花键上应涂一薄层二硫化铝润滑脂，但分离轴承的导套不涂。

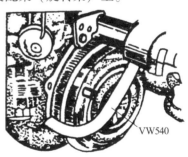

图3-11 VW540型发动机托架

（3）将中间板放入配合连轴套，并在一些点上涂些润滑脂，固定在气缸体。

（4）更换发动机支架橡胶缓冲块固定螺栓的锁紧螺母。

（5）接起动机电线时注意不要碰到发动机。

（6）将发动机装入支座，不拧紧螺栓。通过摇动发动机使其摆正位置。

（7）调整离合器踏板自由行程，使之保持在15 mm左右。

（8）按规定加注冷却液。不拧紧螺栓，调整排气管，调整节气门操纵拉索。

二、任务实施与考核

（1）学生通过技能学习、查阅资料制订实训车辆的拆装方案，准备工具，并完成工作单。

（2）教师根据完成的情况完成考核表（见表3-1）。

表 3-1 教师考核记录表

实训项目：_发动机总成的拆装_

班级学号		姓名		
项目	必要的记录		分值	评分
工作着装、工作安全、卫生情况			10	
拆装方案的制订			30	
拆装前的准备			20	
工具的选用			10	
工作单的填写情况			30（工作单成绩折算）	
总分				
			老师签字：_____年___月___日	

任务 3-2　曲柄连杆机构的拆装与测量

1. 能够正确描述曲柄连杆机构的功用与分类；
2. 能够正确描述曲柄连杆机构各组成件的组成；
3. 能够熟练拆装曲柄连杆机构的主要部件。

曲柄连杆机构的拆装主要包括机体组拆装、活塞连杆组、曲轴飞轮组的拆装。

曲柄连杆机构是往复式活塞发动机的两大机构之一，它的主要功用是把可燃混合气燃烧后作用在活塞上的气体膨胀力转变为曲轴的转矩，并向外输出机械能；同时，将活塞的往复直线运动转变为曲轴的旋转运动。

曲柄连杆机构主要由三部分组成，即机体组、活塞连杆组、曲轴飞轮组。

一、机体组

如图 3-12 所示，机体组是发动机的骨架，主要由气缸体、气缸垫、气缸盖、曲轴箱和油底壳等组成。发动机工作时，机体承受着大小和方向呈周期性变化的气体压力、惯性力和力矩的作用，并将所受的力和力矩通过机体传给机架。发动机各机构和系统及其他附件均装在机体上。

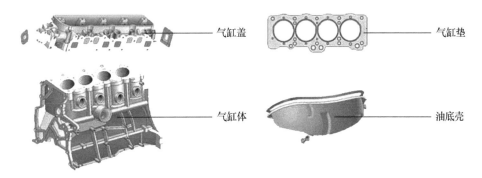

图 3-12 机体组

二、活塞连杆组

活塞连杆组由活塞、活塞环、活塞销和连杆等组成,如图 3-13 所示。

三、曲轴飞轮组

曲轴飞轮组主要由曲轴、扭转减振器、飞轮等组成,如图 3-14 所示。

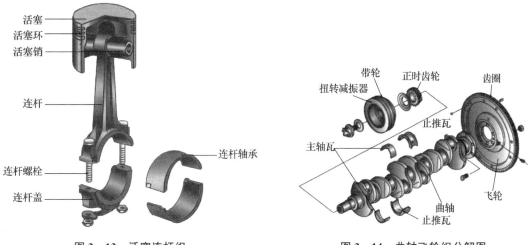

图 3-13 活塞连杆组   图 3-14 曲轴飞轮组分解图

一、技能学习

1. 机体组的拆装

1)注意事项

(1)装配前各零件表面要保持清洁。

(2)在拆装气缸盖螺栓时,应严格按照规定工艺及技术参数进行。

(3)注意气缸垫的安装方向。

2)气缸盖的拆装

(1)气缸盖的拆卸。

a. 拆卸气缸盖附件。拆下进排气歧管总成,拆下火花塞及其垫圈。

b. 拆下机油加注口盖。

c. 拆下气门罩盖,按图3-15所示顺序分2~4次逐渐松开气缸盖紧固螺栓。

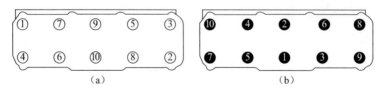

图3-15 气缸盖螺栓的拆卸和拧紧顺序

(a)气缸盖螺栓拆卸顺序;(b)气缸盖螺栓拧紧顺序

d. 取下气门罩盖压条,密封衬条、衬垫。

e. 拆下机油反射罩,取下半圆塞。

f. 拆下凸轮轴前端正时齿带轮的紧固螺栓,用拉拔器取下凸轮轴正时齿带轮。

g. 由四周向中间交叉旋松凸轮轴支承盖的紧固螺栓,取下支座盖。

h. 拆卸下凸轮轴。取下液压挺杆总成。

i. 用气门拆装工具拆卸气门及气门油封。

j. 取下气门锁夹座圈、气门内外弹簧。

k. 用气门拆装工具拆卸气门及气门油封。

(2)气缸盖的安装。

a. 安装时应更换所有密封条和密封衬垫,并注意衬垫的安装位置。特别是气缸盖衬垫,标有"OBEN TOP"字样的一面必须朝向气缸盖,如图3-16所示。

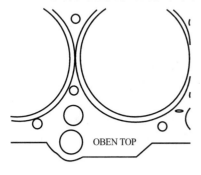

图3-16 气缸盖衬垫的标记

b. 安装气缸盖时,应将专用工具3070定位导向螺栓旋入气缸体第8孔和第10孔内[见图3-15(b)所示第8螺栓孔和第10螺栓孔]。放上气缸盖和其余8个螺栓,并稍微拧紧。用扳手旋出事先拧入的3070定位导向螺栓,并拧入气缸螺栓。按图3-15(b)所示的顺序,将气缸盖螺栓分4次旋紧,发动机冷态时,气缸盖紧固螺栓的拧紧力矩见表3-2。

表3-2 AFE型发动机冷态时气缸盖拧紧力矩

项 目	拧紧力矩/(N·m)	项 目	拧紧力矩/(N·m)
第1次	40	第3次	75
第2次	60	第4次	再用扳手拧紧1/4圈

c. 在安放气缸盖时,曲轴不可置于上止点位置,否则气门和活塞顶部会损坏。

(3)气缸盖表面平面度的检查。

如图3-17所示,用直尺和厚薄规检查气缸盖表面平面度。气缸盖平面度极限值为

0.1 mm。超过极限值时，可进行修磨。但修磨后气缸盖的高度应不小于132.6 mm，否则应更换新件。也可用同样方法，测量气缸体上平面及气缸盖与进、排气歧管的接合面的平面度，其平面度均应不大于0.05 mm。检查气缸盖上所有螺栓、螺纹及螺母有无滑丝现象，若有，视情况轻重进行修理或更换。

3）气缸体的拆装

（1）气缸体的分解。

a. 将气缸体反转倒置在工作台上。

b. 拆下中间轴密封凸缘，拆下气缸体前端中间轴密封凸缘中的油封。

c. 在汽油泵及分电器已拆卸的情况下，拆下中间轴。

d. 拆下正时齿带轮端曲轴油封。不解体更换该油封时，应使用油封取出器2085。

e. 拆下前油封凸缘及衬垫。

f. 依据10~1的顺序分几次从中间到两边逐渐拧松主轴承盖上的紧固螺栓，如图3-18所示。

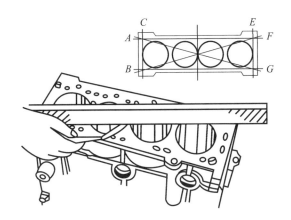

图3-17　检查气缸盖（体）表面平面度

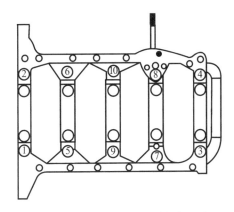

图3-18　曲轴主轴承盖的拆卸顺序

g. 拆下曲轴各主轴承。

（2）气缸体的装配。

气缸体的装配可按与拆卸相反的顺序进行，但注意以下事项：

a. 装配气缸体时应更换中间轴密封凸缘油封、曲轴前油封凸缘衬垫。

b. 安装曲轴前油封时，应在油封外圈和唇边上涂一层薄机油，在曲轴颈上套上专用工具3083，通过装在导套上的压套将油封压到位。

c. 中间轴密封凸缘紧固螺栓拧紧力矩为25 N·m。

d. 装配中间轴时，中间轴最大轴向间隙应为0.25 mm。

e. 主轴承盖紧固螺栓拧紧力矩为65 N·m，拧紧顺序与图3-18所标序号的顺序相反。

（3）检查气缸直径。

使用50~100 mm的量缸表检查气缸直径，如图3-19所示，检查结果与标准尺寸的偏差最大为0.08 mm。检查时应在上、中、下3个位置上进行横向（A向）和纵向（B向）垂直测量，如图3-20所示。

图 3-19 用量缸表检查缸径

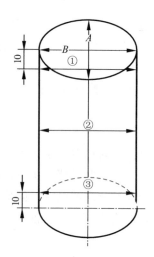

图 3-20 气缸的测量部位

2. 活塞连杆组的拆装

1）注意事项

（1）拆装活塞连杆组时一定要注意装配记号，若无记号必须做标记。

（2）安装活塞销时要用专用工具或加热到一定的温度进行。

（3）拆下的零部件必须按顺序放好，并注意不要损坏零件。

2）活塞连杆组的拆装

活塞连杆组的分解图如图 3-21 所示。活塞、活塞销及连杆的结构分别如图 3-22、图 3-23 和图 3-24 所示。活塞连杆组的拆装可按图 3-21 所示分解图进行，但应注意以下几点：

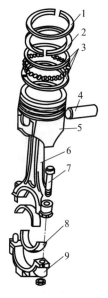

图 3-21 活塞连杆组的分解图

1—第一道气环；2—第二道气环；3—组合油环；4—活塞销；
5—活塞；6—连杆；7—连杆螺栓；8—连杆轴承；9—连杆轴承盖

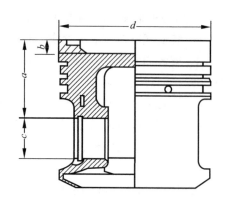

图 3-22 活塞的结构

$a = 22.2$ mm；$b = 5.1$ mm；$c = 20$ mm；$d = 81$ mm

图 3 - 23 活塞销的结构

$a = 54$ mm; $b = 20$ mm

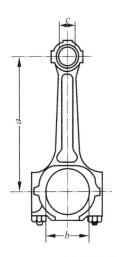

图 3 - 24 连杆的结构

$a = 144$ mm; $b = 50.6$ mm; $c = 20$ mm

(1) 对活塞做标记时,应从发动机前端向后打上气缸号,并打上指向发动机前端的箭头。

(2) 拆卸连杆和连杆轴承盖时,应打上所属气缸号。安装连杆时,浇铸的标记须朝向V形带轮方向(发动机前方)。

(3) 连杆螺母为M8X1,拧紧连杆螺母时,应在接触面涂机油,用 30 N·m 力拧紧,接着再转动180°。

(4) 拆装活塞环时应使用专用工具,如图 3 - 25 所示。安装活塞环时,应使活塞环开口错开120°,有"TOP"记号的一面朝活塞顶部。

(5) 装活塞销时,应将活塞加热至 60 ℃,用拇指仅需较小的力就应能将涂有机油的活塞销压入活塞销座孔中,如图 3 - 26 所示。在垂直状态时,活塞销不能在自重作用下从销座孔中自行滑出,用手晃动活塞销时应无间隙感,这表明活塞销与销座孔配合适宜。拆装活塞销卡簧时需用专用工具。

图 3 - 25 拆装活塞环

图 3 - 26 装配活塞环

3) 活塞环

(1) 检查活塞环侧隙。活塞环侧隙是指活塞环与环槽的间隙,用厚薄规检查活塞环侧隙,如图 3 - 27 所示。新活塞环侧隙应为 0.02 ~ 0.05 mm,磨损极限值为 0.15 mm。

(2) 检查活塞环端隙。活塞环端隙是指将活塞压入气缸后,活塞开口的间隙,测量时,将活塞环垂直压进气缸约 15 mm 处,用厚薄规检查活塞环端隙,如图 3 - 28 所示。如为新环,第一道气环开口间隙应为 0.30~0.45 mm,第二道气环开口间隙应为 0.25~0.40 mm,油环开口间隙应为 0.25~0.50 mm,活塞环开口间隙磨损极限值为 1.00 mm。

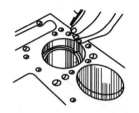

图 3-27　检查活塞环侧隙　　　图 3-28　检查活塞环开口间隙

4) 活塞

检查活塞直径。在活塞下部离裙部底边约 15 mm、与活塞销垂直方向处测量,如图 3-29 所示。活塞直径与标准尺寸的最大偏差量为 0.04 mm。

5) 连杆

(1) 检查连杆轴向间隙。

检查连杆轴向间隙,如图 3-30 所示。连杆的轴向间隙磨损极限值为 0.37 mm。

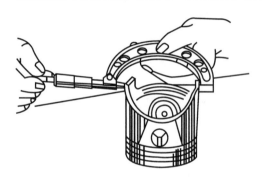
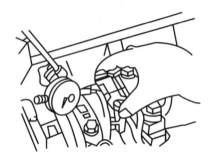

图 3-29　检查活塞直径　　　图 3-30　检查连杆轴向间隙

(2) 检查连杆径向间隙。

检查连杆径向间隙时,可用塑料间隙测量片对装好的发动机进行检查。具体测量方法如下。

a. 拆下连杆轴承盖,清洁连杆轴承和轴颈。

b. 将塑料间隙测量片沿着轴向置于轴颈和轴承上。

c. 装上连杆轴承盖,并用 30 N·m 力矩紧固螺栓,不要转动曲轴。

d. 拆下连杆轴承盖,测量压扁后塑料间隙测量片的厚度,与规定值相比较。连杆径向间隙应为 0.024~0.048 mm,磨损极限值为 0.12 mm。

e. 径向间隙在装配完毕的发动机上进行检查,则螺栓允许重复使用一次,但需在螺栓头上打标记,有此记号的螺栓下次必须更换。

f. 安装轴承盖时,要在轴承盖螺母接触面上涂机油,并用 30 N·m 的力矩紧固,接着再转动 180°。

3. 曲轴飞轮组的拆装

1) 注意事项

(1) 第 1、4、5 道曲轴轴瓦,只有装在缸体上的那片轴瓦有油槽,装在轴承盖上的没有油槽，但第 3 道轴瓦两片上均有油槽。

（2）曲轴飞轮组标记：四冲程直列四缸汽油机，在飞轮上刻有"1、4 缸上止点"的标记，当该标记与飞轮壳前端的刻线对齐时，第 1、4 缸活塞处于上止点。

（3）曲轴轴承上均有定位凸块，该凸块与轴承座上的凹槽相嵌合。同一道轴承的轴承盖和底座不能分开放置，以免错乱。

2）曲轴飞轮组的拆卸

（1）将气缸体翻转倒置在工作台上。

（2）拆卸中间轴密封凸缘，其紧固螺钉的拧紧力矩是 25 N·m。

（3）拆卸缸体前端中间轴密封凸缘的油封，装配时必须更换。

（4）拆卸中间轴。

（5）拆卸传动带盘端曲轴油封。

（6）拆卸前油封凸缘及衬垫。

（7）旋出飞轮固定螺栓，从曲轴后端凸缘拆下飞轮。

（8）拆下曲轴主轴承盖紧固螺栓，不能一次全部拧松，必须分次从两端到中间逐步拧松。该螺栓的拧紧力矩为 65 N·m。

（9）抬下曲轴，再将轴承盖及垫片按原位置装回，并将固定螺栓拧入少许。注意：推力轴承定位及开口的安装方向应正确，且轴瓦不能互换。

3）曲轴飞轮组的装配

（1）将经过清洗、擦拭干净的曲轴、飞轮、选配或修理好的轴承、轴承盖及垫片等零件依次摆放整齐，准备装配。

（2）将曲轴安装在缸体上。在第 3 道主轴颈两侧安装止推垫片，垫片上带油槽的减磨合金表面必须朝向曲轴。注意：轴承盖按序号安装，不得装错和装反，并由中间向外对称紧固螺栓，力矩为 65 N·m。

（3）安装曲轴前后油封和油封座。

（4）安装飞轮和滚针轴承。新换飞轮时，还应在飞轮"O"标记（1、4 上止点记号）附近打印上点火正时记号。曲轴后端孔内变速器输入轴的滚针轴承标记朝外，外端面距曲轴后端面 1.5 mm。

（5）检验曲轴的轴向间隙（见图 3-31）。检验时，在曲轴端装上百分表，然后用撬棍将曲轴撬向一端，通过百分表指针的摆动量测量曲柄与止推垫片之间的间隙。装配新件的间隙值为 0.07～0.17 mm，磨损极限值为 0.25 mm。如曲轴轴向间隙过大，则应更换止推垫片。

二、任务实施与考核

（1）学生对实训发动机进行拆装，重点拆装和测量曲柄连杆机构，在充分掌握上述知识与技能的前提下，完成工作单。

（2）教师在指导过程中，根据完成的情况完成考核表（见表 3-3）。

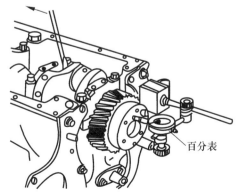

图 3-31 曲轴轴向间隙的检验

表 3-3　教师考核记录表

实训项目：　曲柄连杆机构的拆装与测量　

班级学号		姓名		
项目	必要的记录		分值	评分
工作着装、工作安全、卫生情况			10	
机体组的拆装			10	
机体组的测量			10	
活塞连杆组的拆装			10	
活塞连杆组的测量			10	
曲轴飞轮组的拆装			10	
曲轴飞轮组的测量			10	
工作单的填写情况			30（工作单成绩折算）	
总分				
			老师签字：_____年___月___日	

任务 3-3　配气机构的拆装

1. 能够正确描述配气机构的功用；
2. 能够正确描述配气机构的组成；
3. 能够正确描述配气机构的工作过程；
4. 能够熟练拆装配气机构。

发动机的配气机构是由气门组和气门传动组两大部分组成，配气机构的拆装包括凸轮轴的拆装、气门的拆装等。

一、配气机构的功用

配气机构的功用是按照气缸的工作顺序和工作过程的要求，准时地开闭进、排气门，向气缸供给可燃混合气（汽油机）或新鲜空气（柴油机）并及时排出废气，使换气过程最佳。

二、配气机构的组成

发动机的配气机构是由气门组和气门传动组两大部分组成的。气门组的作用是封闭进、排气门。气门传动组的作用是能使进、排气门按配气相位规定的时刻打开和闭合，并且保证要有足够的开度。

1. 气门组

配气机构中的气门组主要由气门、气门座、气门导管、气门弹簧等零件组成，如图3-32所示。

2. 气门传动组

所有汽车发动机都使用了一根或多根凸轮轴和各种类型的气门驱动机构，即气门传动组。

气门传动组由凸轮轴挺柱、推杆和摇臂总成等组成，使进、排气门按照配气相位规定的时间开启与关闭。

三、配气机构的工作过程

凸轮轴是通过正时齿轮由曲轴驱动的。以凸轮轴下置式配气机构为例说明其工作过程。

（1）凸轮轴凸轮的基圆部分和挺柱接触时，如图3-33（a）所示，挺柱不升高，气门处于关闭状态。

（2）当凸轮轴转动时，凸轮的凸起部分和挺柱接触，将挺柱顶起，通过推杆调整螺钉使摇臂绕摇臂轴摆动，摇臂的长端向下压动气门，克服气门弹簧力使气门打开，如图3-33（b）所示。

（3）当凸轮轴继续转动，凸轮的凸起部分转过挺柱后又恢复为凸轮基圆与挺柱接触，凸轮不再向上顶动挺柱，气门在弹簧力作用下，开度逐渐减小，直至关闭，恢复到图3-33（a）所示状态。

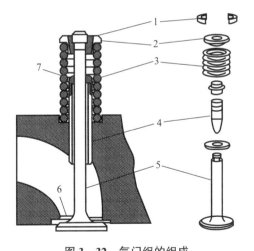

图3-32 气门组的组成

1—锁片；2—气门弹簧座；3—气门弹簧；4—气门导管；5—气门；6—气门座；7—密封片

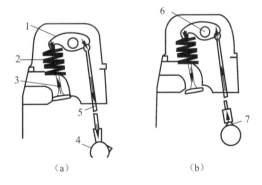

图3-33 配气机构工作过程

（a）气门关闭；（b）气门打开

1、6—摇臂；2—弹簧；3—气门；4—凸轮；5—推杆；7—凸轮凸起

由上可见，气门的开启是通过气门传动组的动作来完成的，而气门的关闭是由气门弹簧来完成的。气门的开闭时刻和规律完全取决于凸轮的轮廓曲线形状。

一、技能学习

1. 配气机构的拆卸

桑塔纳轿车的配气机构装配在气缸盖上,气缸盖的分解图如图3-34所示。

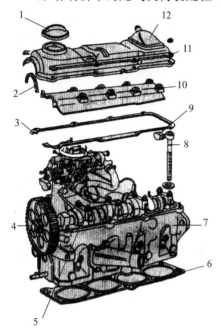

图 3-34 气缸盖的分解示意图

1—加油口盖;2—气缸盖罩密封条;3—气缸盖罩密封条;4—凸轮轴正时同步带轮;5—凸轮轴;6—气缸衬垫;7—气缸盖;8—气缸盖螺栓;9—半圆键;10—机油发射罩;11—气缸盖罩压条;12—气缸盖罩

(1) 拆下上、下齿形带护罩。松开齿形带张紧轮,转动偏心轴,使齿形带松弛,取下齿形带。

(2) 拆下气缸盖罩,取下气缸盖罩压条、密封条及密封垫。

注意:拆卸气缸盖罩紧固螺母时,要分次逐渐松开。

(3) 拆下机油反射罩。

(4) 在凸轮轴轴承盖上做好顺序号,拆下凸轮轴轴承。拆下凸轮轴和正时齿轮及半圆键。

(5) 按照气缸顺序拆下各液力挺柱,并做好顺序记号,按照顺序摆放。

(6) 拆卸气缸盖。

(7) 用专用工具压下气门弹簧,取下气门锁片、气门弹簧、气门锁片座圈。

(8) 拆下气门及气门油封。

(9) 分解完毕后,将零件进行清洗、分类。

2. 配气机构的装配

(1) 安装气门。

装上气门后,再往气门导管上装上新的气门油封。安装气门油封时应先套上塑料保护套,最好用专用工具压入。气门杆部先涂以润滑油,插入导管中不要损伤油封。装上气门弹簧和气门锁片后,用橡胶锤轻敲几下,以确保气门锁片安装可靠(凡是使用过的锁片不许使用)。

(2) 检查凸轮轴轴向间隙。

凸轮轴的轴向间隙检查,如图3-35所示。测量凸轮轴轴向间隙时,不装液压挺杆,装好1号和5号轴承盖。轴向间隙允许极限值为0.15 mm。

(3) 按照安装顺序装上液力挺柱。

(4) 安装凸轮轴时,第一缸的凸轮必须朝上。当安装轴承盖时,要保证孔的上下部分对准。润滑凸轮轴轴承表面、轴承盖,拧紧紧固螺母,拧紧力矩为20 N·m。

(5) 用专用工具安装凸轮轴前油封时,不要压到底,否则会堵塞油道。

(6) 放入半圆键,安装凸轮轴正时同步带轮并加以紧固,拧紧力矩为80 N·m。

(7) 曲轴转动到一缸上止点,查看飞轮上止点记号。

(8) 转动凸轮轴使凸轮轴正时齿轮与后罩盖上记号对准。

(9) 将分火头与壳体上的第一缸上止点记号对准，插入分电盘，固定分电器压盘，扣合分电器盖。

(10) 顺时针方向转动张紧轮，拧紧张紧轮紧固螺母，拧紧力矩为 45 N·m。用手捏在齿带中间，正好可转 90°，皮带张紧度符合要求。

(11) 安装齿形带下护罩，齿形带下护罩螺栓拧紧力矩为 100 N·m。装上皮带轮盘，并以 20 N·m 力矩拧紧。扣合上护罩。

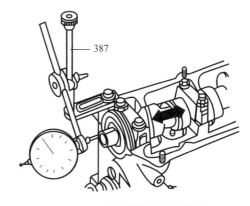

图 3-35 凸轮轴轴向间隙检查

二、任务实施与考核

(1) 学生对实训发动机进行拆装，重点拆装配气机构，在充分掌握上述知识与技能的前提下，完成工作单。

(2) 教师在指导过程中，根据完成的情况完成考核表（见表 3-4）。

表 3-4 教师考核记录表

实训项目：___配气机构的拆装___

班级学号		姓名		
项目	必要的记录		分值	评分
工作着装、工作安全、卫生情况			10	
配气机构的拆装			30	
气门的拆装			20	
工具的选用、规范性			10	
工作单的填写情况			30（工作单成绩折算）	
总分				

老师签字：
_____年___月___日

任务 3-4　汽油机燃油供给系统的拆装与维护

1. 能够正确描述电控汽油喷射系统的组成；
2. 能够正确描述电控汽油喷射系统的工作原理；
3. 能够熟练拆装汽油机燃油供给系统各总成；
4. 能够熟练清洗节气门；
5. 能够熟练更换空气滤清器、燃油滤清器；

6. 能够熟练检查电子控制系统。

汽油机燃油供给系统的拆装与维护包括汽油机燃油供给系统的拆装和汽油机燃油供给系统的维护。汽油机燃油供给系统的拆装包括节气门总成的拆装、燃油喷油器总成的拆装、燃油泵总成的拆装；汽油机燃油供给系统的维护包括空气滤清器的更换、节气门的清洗、燃油滤清器的更换、燃油管路的检查、电子控制系统的检查。

一、电控汽油喷射系统的基本组成

电控汽油喷射系统一般由空气供给系统、燃油供给系统和电子控制系统三大部分组成。如图3-36所示。

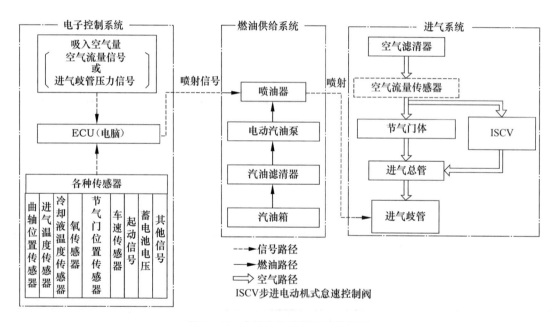

图3-36 电控汽油喷射系统的组成

1. 空气供给系统

空气供给系统主要由空气滤清器、空气流量传感器（或进气歧管绝对压力传感器）、节气门、进气总管、进气歧管和怠速空气控制阀等部件组成，如图3-37所示。

空气供给系统的作用是向发动机提供与负荷相适应的新鲜空气，同时测量和控制进发动机气缸的空气量。

2. 燃油供给系统

燃油供给系统主要由电动燃油泵、燃油滤清器、燃油分配管、燃油压力调节器、电磁喷油器等组成，如图3-38所示。

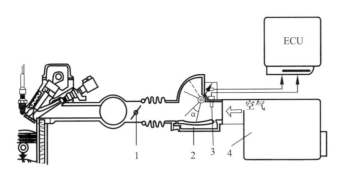

图 3-37 空气供给系统
1—节气门；2—空气流量传感器；3—进气温度传感器；4—空气滤清器

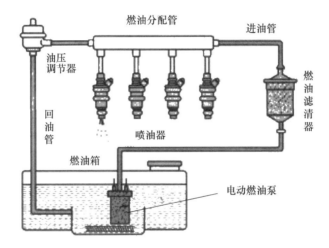

图 3-38 燃油供给系统示意图

燃油供给系统的作用是向发动机供给足够压力的汽油。

3. 电子控制系统

电子控制装置主要由传感器、电控单元（ECU）和执行元件组成。

电子控制系统的作用是根据传感器输入的信号控制喷油量及喷油时刻。

二、电控汽油喷射系统的工作原理

发动机电控单元根据进气流量或进气管绝对压力、发动机转速、冷却液温度、进气温度、节气门位置等传感器输入的信号，与存储在 ROM 中的参考数据进行比较，从而确定在该状态下发动机所需的喷油量、喷油正时和最佳点火提前角。存储在 ROM 中的参考数据是通过大量的发动机及整车试验所获得的优化数据。

在发动机状态信号中，进气流量或进气管绝对压力信号和转速信号是两个主要参数，它们决定该工况下的基本燃油供给量和基本点火提前角。其他各种参数起修正作用，如冷却液温度修正、进气温度修正、大气压力修正、蓄电池电压修正、节气门变化速率修正、排气中氧含量修正等。

一、技能学习

1. 汽油机燃油供给系统的拆装

1）节气门总成的拆装

（1）排空冷却水。

（2）拆下油门拉索。

（3）拆下带有空气滤清器管子的空气滤清器罩。

a. 断开进气温度传感器连接器和电线紧固装置。

b. 从空气滤清器管子上断开通风管。

c. 松开空气滤清器管子夹箍螺栓。

d. 松开2个空气滤清器罩夹子。

e. 从节气门体上断开空气滤清器管子，将空气滤清器罩连同空气滤清器管子一同拆下。

（4）拆下节气门总成。

a. 如图3－39所示，先断开节气门位置传感器连接器，再断开ISC阀连接器。

b. 拆下2个螺栓和2个螺母，从进气歧管上拆下节气门体，如图3－40所示。

图3－39 断开节气门位置传感器和ISC阀的连接器

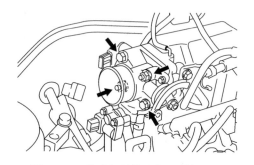
图3－40 从进气歧管上拆下节气门体

c. 如图3－41所示，先断开2个旁通水管，拆下节气门体；再拆下节气门体垫片。

（5）拆下节气门体怠速控制阀总成。

拆下4个螺钉、怠速控制阀和垫片。

（6）拆下节气门位置传感器。

拆下2个螺钉和节气门位置传感器。

（7）安装节气门位置传感器。

用2个螺钉安装节气门位置传感器。

注意：扭矩为1.8 N·m。

（8）安装节气门体怠速控制阀总成。

a. 将一个新的垫片安装到怠速控制阀上。

b. 用4个螺钉安装怠速控制阀。

注意：扭矩为3.7 N·m。

(9) 安装节气门体总成。

a. 如图3-42所示,在进气歧管上安装一个新的垫片,表面凸起向下;将2个旁通水管接到节气门体上。

b. 如图3-43所示,用2个螺栓和2个螺母将节气门体安装到进气歧管上。

注意:扭矩为22 N·m。

c. 如图3-44所示,先接上节气门位置传感器连接器,再接上怠速控制阀连接器。

(10) 接上油门拉索。

(11) 安装带有空气滤清器管子的空气滤清器罩。

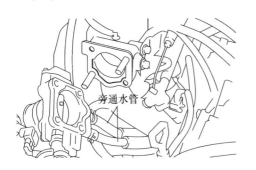

图3-41 断开旁通水管后拆下节气门体

图3-42 将2个旁通水管接到节气门体上

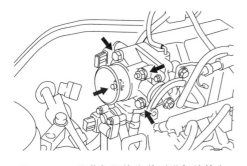

图3-43 将节气门体安装到进气歧管上

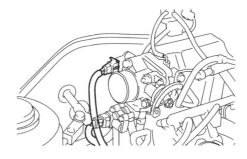

图3-44 接上节气门位置传感器及怠速控制阀连接器

(12) 添加冷却水。

(13) 检查发动机冷却水的泄漏情况。

2) 燃油喷油器总成的拆装

(1) 先释放燃油系统的压力,再断开蓄电池的负极接线柱。

(2) 如图3-45所示,拆下通风管。

(3) 拆下EFI燃油管夹箍。

(4) 脱开燃油管分总成。

(5) 拆下燃油供油管分总成。

如图3-46所示,先压下接头锁止弹簧时,从喷油器上拉出接头;拆下2个螺钉,并连同喷油器一起拆下燃油供油管。

(6) 拆下燃油喷油器总成。

从燃油供油管上拉出4个喷油器。

(7) 安装喷油器总成。

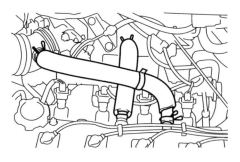

图 3-45 拆下通风管

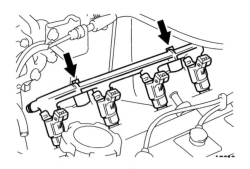

图 3-46 拆下喷油器及燃油供油管

a. 如图 3-47 所示,在 2 个 O 形环上加涂一层薄薄的汽油,然后把它们装到喷油器上。

b. 如图 3-48 所示,左右转动喷油器将其安装到供油管上,安装 4 个喷油器;将喷油器接头朝上;最后把保持架安装到每个喷油器上。

图 3-47 安装新 O 形环

图 3-48 安装喷油器

c. 安装燃油供油管分总成。

如图 3-49 所示,将 2 个锭圈安装在进气歧管上;然后将 4 个喷油器和供油管总成安装在进气歧管上,最后暂时安装 2 个螺栓,将供油管固定到进气歧管上。

d. 如图 3-50 所示,检查喷油器应平滑旋转。

注意:若喷油器不能平滑旋转,更换 O 形环。喷油器接头向上。

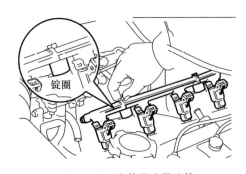

图 3-49 安装燃油供油管

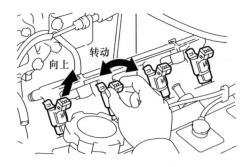

图 3-50 检查喷油器安装情况

e. 如图 3-51 所示,拧紧 2 个螺栓,将供油管固定在进气歧管上。

注意:扭矩为 15 N·m。

(8) 连接燃油管总成。

(9) 检查燃油是否泄漏。

3）燃油泵总成的拆装

（1）拆卸后座椅坐垫总成。

（2）拆卸后座地板维修孔盖。

（3）先释放燃油系统的压力，再断开蓄电池的负极接线柱。

（4）断开燃油箱主管分总成。

如图3-52所示，拆下联管节夹子，拉出燃油箱主管。

注意：

a. 在此项工作之前检查在接头周围是否有类似泥的污垢，并进行清洁。

b. 留意类似泥的污垢，因为快速接头有一个O形环，密封管子和接头。

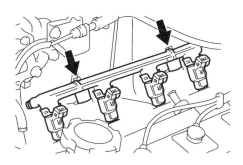
图3-51　固定供油管

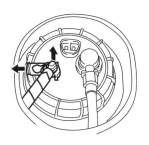
图3-52　拆下联管节夹子

c. 在此项工作中不要使用任何工具。

d. 不要用力弯曲或扭动尼龙管。

e. 不要使塞子与异物接近。

f. 检查后，在管件上覆盖聚乙烯袋子，以保护管子。

（5）断开1号燃油排放管分总成。

如图3-53所示，捏住管子接头然后拉出燃油排放管。

注意：

a. 在此项工作之前检查在接头周围是否有类似泥的污垢，并进行清洁。

b. 留意类似泥的污垢，因为快速接头有一个O形环，密封管子和接头。

c. 在此项工作中不要使用任何工具。

d. 不要用力弯曲或扭动尼龙管。

e. 不要使塞子与异物接近。

f. 检查后，在管件上覆盖聚乙烯袋子，以保护管子。

g. 当接插件与管件黏住时，用两个手指捏住管子，小心转动以使其松动，然后分离开管子。

（6）拆下燃油泵总成，如图3-54所示。

a. 使用SST，松开托盘。

b. 拆下托盘。

c. 拉出燃油泵总成。

注意： 不应弯曲油量感应器臂。

d. 从燃油箱上拆下垫片。

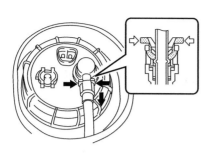
图 3 – 53　拉出燃油排放管

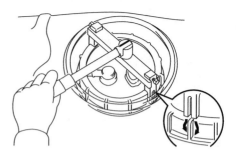
图 3 – 54　拆下燃油泵总成

（7）拆下 2 号燃油吸入端支架。

使用螺丝刀，从爪孔里托开 5 个扣爪，拆下燃油吸入端支架。

注意：不要损坏燃油吸入端支架。

（8）拆下燃油泵缓冲橡皮。

（9）拆下燃油吸入盘分总成。

a. 拆开 2 个接头。

b. 用 2 把螺丝刀，从爪孔里托开 4 个扣爪，拆下燃油吸入盘。

注意：不要损坏燃油吸入盘。

（10）拆下燃油泵线束。

（11）拆下油量感应器总成。

松开燃油油量感应器，向下移动并拆下它。

（12）拆下燃油压力调节器总成。

从滤清器上拉出燃油泵。

（13）拆下带滤清器的燃油泵总成。

从滤清器上拉出燃油泵。

（14）安装带滤清器的燃油泵总成。

a. 向燃油泵滤清器油封涂上汽油。

b. 将燃油泵装到滤清器上。

（15）安装燃油压力调节器总成。

a. 在新的 O 形环上涂汽油，把它装到燃油压力调节器上。

b. 把燃油压力调节器安装到滤清器上。

（16）安装燃油泵总成。

a. 如图 3 – 55 所示，在燃油箱上安装新的垫片。

b. 如图 3 – 56 所示，在燃油泵和燃油箱上做对应记号。

c. 暂时安装托盘。

d. 使用 SST，安装托盘。

e. 如图 3 – 57 所示，检查燃油泵托盘的箭头记号和油箱应对齐。

（17）安装 1 号燃油排放管分总成。

如图 3 – 58 所示，压入管接头直至接头发出"咔嚓"声响。

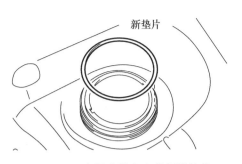

图3-55 在燃油箱上安装新的垫片

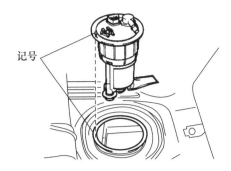

图3-56 在燃油泵和燃油箱上作对应记号

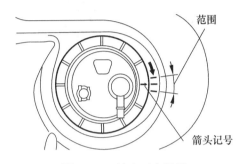

图3-57 检查对齐记号

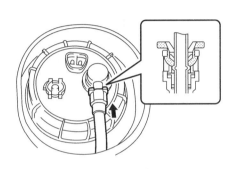

图3-58 压入管接头

注意：

a. 检查连接部位应没有划伤或异物。
b. 检查接头应完全插入且安全连接。
c. 检查联管节夹子在接头领圈上。
d. 安装联管节夹子后，检查接头应拉不出来。

（18）安装燃油箱主管分总成，如图3-59所示。
（19）检查燃油泄漏。
（20）安装后座地板维修孔盖。
（21）安装后座椅坐垫总成。

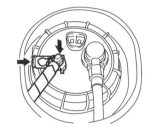

图3-59 安装燃油箱主管分总成

2. 汽油机燃油供给系统的维护

1）空气供给系统的维护

图3-60 拔下进气温度传感器插接器

（1）空气滤清器的更换。

a. 如图3-60所示，拔下进气温度传感器插接器。

b. 如图3-61所示，拆下空气滤清器盖上部的固定卡箍。

c. 如图3-62所示，拆下滤清器盖的全部卡箍并打开空气滤清器盖。

d. 如图3-63所示，用抹布擦干净空气滤清器盖内部。

e. 清理空气滤清器的外部。

f. 取出滤清器芯,并更换新件。如果滤清器更换不久,也就是说还很干净,则可以使用轻拍法清洁空气格;如果灰尘较多,则需要使用压缩空气气枪吹去里面的尘土即可。吹气时一定要注意从滤芯的里面向外面吹,以保证灰土全部吹出。

图3-61　拆下固定卡箍　　　　　　　图3-62　打开空气滤清器盖

g. 安装空气滤清器。如图3-64所示,按拆卸的相反顺序安装空气滤清器,并检查其密封是否良好。安装时,装有排尘阀的端子要注意其箭头方向,口一定要朝后或朝下。在安装进气管道时,要保证其密封,特别要注意进气接头护套处的密封。

图3-63　清洁空气滤清器盖内部　　　　图3-64　安装空气滤清器

(2) 节气门的清洗。

节气门的拆装在本学习任务中已介绍,这里不再重复,主要介绍节气门清洗的注意事项。

a. 节气门应该拆下清洗才能彻底清洗干净。节气门阀片圆弧边缘、节气门轴及节气门体内壁是重点清洗部位。

b. 最好取下节气门体上与空气滤清器接合部位的密封胶圈,以防止清洗剂腐蚀胶圈,使胶圈发胀、断裂。取下密封胶圈后,检查是否有老化、裂纹。

c. 在清洗工作进行前,最好先拆掉节气门体上的节气门位置传感器,以防清洗剂对节气门位置传感器腐蚀而损坏。不过,在拆节气门位置传感器时千万注意,它的紧固螺钉螺纹上涂有防松胶,不易拧动,拧时不可用力过猛,以防止螺纹损坏,造成传感器报废。

d. 清洗节气门时需要反复开启节气门,不要打开节气门后猛地松开,使节气门关闭,否则容易损坏节气门位置传感器和节气门阀片。

e. 安装节气门拉线后，应检查调整油门拉线的松紧度。油门拉线应有一定的自由度，不过此自由度不应过大，否则会产生加速响应慢的现象。一般在油门拉线限位卡子前留 1 ~ 2 个齿牙即可。

f. 在整个安装过程结束后，需要使用专用诊断仪进行自适应设定，对油门踏板位置进行初始化设置。

2）燃油供给系统的维护

（1）燃油滤清器的更换。

下面以外置型汽油滤清器为例介绍燃油滤清器的更换。

a. 卸掉燃油供给系统的压力。

b. 使用工具拆除蓄电池的负极导线并使之可靠离开负极柱。

c. 将车辆举升到目标高度并可靠停驻，确认车辆可靠停驻后，方可进入车下工作。

d. 使用抹布擦净滤清器进、出油管接口处的污物。

e. 用一把扳手夹住滤清器本体上的螺母，用另一把扳手松开管连接螺栓，拧松油路和燃油滤清器的接合处的夹紧装置，然后将燃油滤清器从油路中拆下来，紧接着用堵头插入油管内，以减少燃油洒失，防止污物进入油管而污染燃油。

f. 安装新的汽油滤清器，确认燃油滤清器壳上的箭头"→"方向与燃油供给系统要求一致后，将滤清器用手压入支架的塑料夹具内。

注意：当安装燃油滤清器时，一定要使箭头的方向指向发动机，即油液是流向发动机的，如图 3 - 65 所示。否则，将会导致供油量下降，发动机高速无力，甚至熄火，特别是内压袋式滤清器更为明显。

g. 将燃油滤清器支架紧固完毕后，拔下橡胶油管的专用堵头，将油管口对准滤清器的接口，上下摆动油管的同时施加推力，直到油管与滤清器接口的肩部接触为止。

h. 操纵举升机将车辆降至地面，移开车辆，清洁工位。

（2）燃油管路的检查，如图 3 - 66 所示。

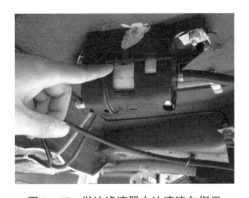 

图 3 - 65　燃油滤清器中油液流向指示　　　　图 3 - 66　检查燃油管路

a. 目视检查软管、钢管、连接部分是否有损伤、漏油现象。

b. 目视检查连接部分、限位器是否松动。

c. 目视检查钢管、软管是否有接触车体或其他部分的情况。

（3）燃油箱的外观检查。

a. 检查燃油箱是否存在变形、裂纹、漏油等现象。

b. 检查燃油箱装配螺栓和螺母是否松动，若松动，要用扭力扳手按规定力矩拧紧。

（4）燃油箱盖的检查。

a. 检查燃油箱盖是否变形和损坏。

b. 检查燃油箱盖连接状况是否良好。

c. 检查扭矩限制器的工作情况。当拧紧燃油箱盖后会发出像棘轮机构发出的"咔嗒、咔嗒"声响时，说明扭矩限制器的工作情况良好。

3）电子控制系统的检查

（1）插接器的检查。

检查插接器的连接状态，是否有接触不良的端子，导线安装是否牢固，是否有弯曲、破裂或锈蚀的端子，然后确认插接器是否固定牢固。检查时，沿垂直和水平方向轻轻晃动插接器和导线线束。

（2）导线线束的检查。

a. 在分离导线线束前，检查导线线束位置和褶皱情况，以便正确地进行修复。

b. 检查导线线束的温度是否异常。

c. 检查导线线束与其他安装部件间的连接情况。

d. 检查导线线束是否扭曲、拉开或松动。

e. 检查导线线束的覆盖层损坏情况，要重新固定、维修或更换线束。

f. 检查导线线束是否靠近部件的尖锐边缘，或者处在转动、移动或摆动部件的边缘。

二、任务实施与考核

（1）学生对汽油机燃油供给系统进行拆装和维护，在充分掌握上述知识与技能的前提下，完成工作单。

（2）教师在指导过程中，根据完成的情况完成考核表（见表 3-5）。

表 3-5　教师考核记录表

实训项目：　汽油机燃油供给系统的拆装与维护

班级学号		姓名		
项目	必要的记录		分值	评分
工作着装、工作安全、卫生情况			10	
电控汽油喷射系统各部件的拆装			15	
燃油供给系统的检查			15	
节气门清洗			10	
燃油滤清器的更换			10	
工具的选用			10	
工作单的填写情况			30（工作单成绩折算）	
总分				
			老师签字：_____年___月___日	

任务 3-5 点火系统的拆装与维护

1. 能够正确描述点火系统的作用；
2. 能够正确描述点火系统的基本组成及工作原理；
3. 能够熟练拆装点火系统的主要部件；
4. 能够熟练检查火花塞、高压线。

点火系统的拆装与维护包括点火系统的拆装和点火系统的维护。点火系统的拆装包括点火系统的就车拆卸与安装；点火系统的维护包括高压分线的检查、火花塞的检查、目视检查。

一、点火系统的作用

在汽油发动机中，气缸内的可燃混合气是通过高压电火花点燃的，而产生电火花的功能是由点火系统来完成的。点火系统的作用是将汽车电源供给的低压电转变为高压电，并按照发动机的做功顺序，与点火时刻的要求，适时准确地将高压电送至各缸的火花塞，使火花塞跳火，点燃气缸内的混合气。

二、点火系统的组成及各组成件的功用

点火系统的组成如图 3-67 所示，主要包括以下几个部分。

1. 电源

点火系统的电源为蓄电池或发电机，标准电压一般为 12V，其作用是供给点火系统所需要的低压直流电源。

2. 点火线圈

点火线圈的作用是将 12V 低压电转变成 30 kV 的高压电，其结构与自耦变压器相似，所以也称变压器。

3. 分电器

分电器由配电器、信号发生器和机械式点火提前角调节机构等组成，现分别对其介绍。

（1）配电器。

配电器由分电器盖和分火头组成，其作用是按照发动机点火顺序，将高压电分配到各缸

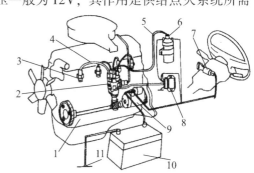

图 3-67 点火系统的组成

1—中间轴；2—分电器；3—火花塞；4—分高压线；5—中央高压线；6—点火线圈；7—点火开关；8—点火控制器；9—起动机；10—蓄电池；11—搭铁端

火花塞上。

(2) 信号发生器。

常用的信号发生器有三种类型，分别是电磁感应式、霍尔式及光电式。

(3) 机械式点火提前角调节机构。

为了保证发动机在任何工况下都能实现在最佳点火时刻点燃混合气，在分电器内设置了机械式点火提前角调节机构，即离心式调节器和真空式调节器。

4. 点火控制器

点火控制器也称为点火模块，点火控制器由专用的集成电路芯片、达林顿管及其他辅助电路组成。它用来将霍尔传感器产生的信号整形、放大，并转变为点火控制信号，通过达林顿管驱动点火线圈一次绕组的接通或断开，在二次绕组产生高压电。

5. 火花塞

火花塞的作用是将点火线圈产生的高压电引入发动机的燃烧室内，在其电极间隙中形成电火花，点燃混合气。

6. 高压线

高压线的作用是用来连接点火线圈、分电器及各个火花塞。

7. 点火开关

点火开关的作用是用来控制点火系统的初级电路，同时也控制充电系统的励磁电路、起动电路及由点火开关控制（15 号火线供电）的所有用电设备。

三、点火系统的基本工作原理

图 3 – 68 所示为点火系统的结构图，图 3 – 69 所示为点火系统的工作原理图。在点火系统中，一般将点火线圈初级绕组 N_1 所在的闭合电路称为初级电路（低压电路）；将点火线圈的次级绕组 N_2 所在的闭合电路称为次级电路（高压电路），一般将点火线圈到火花塞的电路称为高压电路。流经初级绕组的电流为初级电流，一般初级电流为 7~8 A，初级电路的电压为电源电压12V，次级电路的电压为 30 kV 左右的高压电。

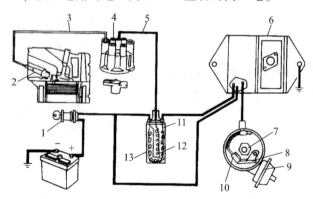

图 3 – 68 点火系统的结构图

1—点火开关；2—火花塞；3—分高压线；4—分电器盖及分火头；5—中央高压线；6—点火控制器；7—信号转子；8—永久磁铁；9—真空调节器；10—信号线圈；11—初级绕组；12—次级绕组；13—点火线圈

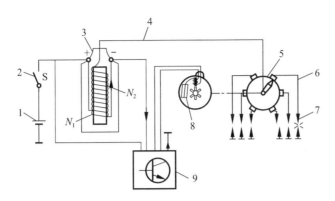

图 3-69　点火系统的工作原理图

1—蓄电池；2—点火开关；3—点火线圈；4—中央高压线；5—配电器；6—分高压线；
7—火花塞；8—信号发生器；9—点火控制器

发动机工作时，分电器中信号发生器的转子也随之旋转。转子旋转时，在信号发生器的感应线圈中便产生正弦脉冲信号。当信号发生器传送给点火控制器的信号为正脉冲信号时，点火控制器中起开关作用的晶体管导通，初级电路导通，电路为：蓄电池正极→点火开关→点火线圈的"+"接线柱→初级绕组 N_1→点火线圈的"-"接线柱→点火控制器→搭铁。点火系统的初级电路导通时，初级绕组便产生磁场。

当信号发生器传送给点火控制器的信号为负脉冲信号时，点火控制器中起开关作用的晶体管截止，初级电路被切断，初级电流及磁场迅速消失。这时，在点火线圈两个绕组中都产生感应电动势。由于次级绕组 N_2 的匝数多，因此，在点火线圈的次级绕组中产生高压电。

此时，随分电器轴一同旋转的分火头正好对准分电器盖上某缸的旁电极，高压电由分高压线送给火花塞，使火花塞跳火，点燃混合气。

根据以上分析，点火系统的工作过程可分成三个阶段，即初级电路导通，点火能量储存；初级电路截止，次级电路产生高压电；火花塞电极产生电火花，点燃混合气。

信号发生器向点火控制器每传送一个点火信号时，点火线圈便产生一次高压电，信号发生器转子转动一周，即分电器每转动一圈，由配电器按照点火顺序将高压电轮流引至各气缸，使各个气缸火花塞点火一次。

一、技能学习

1. 点火系统的拆装

1）点火系统的拆卸

（1）取下发动机装饰罩。

（2）使用吹气枪将发动机上部的尘土等杂物清理干净。

（3）如图 3-70 所示，使用缸线钳拆卸各个气缸高压分缸线与火花塞连接端。

（4）如图 3-71 所示，使用火花塞专用套筒拆下火花塞。

图 3-70 拆下气缸高压分缸线

图 3-71 拆下火花塞

2）点火系统的安装

（1）将火花塞插入火花塞套筒内，由于火花塞套筒内置橡胶套，当火花塞插入后，将火花塞弹性固定，有利于火花塞的安装或取出。

图 3-72 安装火花塞

（2）如图 3-72 所示，将火花塞放入其承孔内，用手调整火花塞套筒的角度并慢慢转动套筒，如果感觉转动套筒时，省力平顺且有下行感，说明螺纹已对正。否则禁止用力旋转火花塞。

（3）用扭力扳手将火花塞拧紧至规定力矩。

（4）根据各缸高压分缸线上的缸序编号，使用缸线钳将高压分缸线依次安插到对应缸的火花塞上。

（5）确认高压分缸线安插顺序是否正确、可靠。

（6）安装发动机装饰罩。

2. 点火系统的检查

1）高压分缸线的检查

（1）如图 3-73 所示，稍稍弯曲高压分缸线，目视检查橡胶绝缘层是否有老化裂纹现象。

（2）如图 3-74 所示，检查高压分缸线与点火控制器连接端的金属触点是否有烧蚀或腐蚀物，固定卡是否脱落或变松；检查与火花塞连接端的金属触点是否有烧蚀或腐蚀物，火花塞固定橡胶套是否老化或脱落。如果存在上述现象，更换新的高压分缸线。

图 3-73 检查高压分缸线

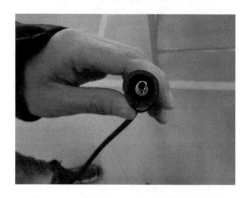

图 3-74 检查高压分缸线的金属触点

(3) 如图 3-75 所示，使用万用表测量高压分缸线的电阻值。

2) 火花塞的检查

(1) 如图 3-76 所示，目视检查火花塞电极的烧蚀情况，并观察火花塞电极的色泽。工作条件良好时在火花塞上面也会有少量积炭，一般呈棕褐色或者灰色，但是，不应该出现火花塞电极烧毁的迹象，否则应该被更换。

图 3-75 使用万用表测量高压分缸线的电阻值

图 3-76 检查火花塞电极的烧蚀情况

(2) 如图 3-77 所示，使用厚薄规测量中央电极和侧电极之间的间隙值。若不符合要求，可以使用专用工具将火花塞电极间隙调整到规定值。

(3) 目视检查火花塞的密封垫圈是否有断裂、扭曲等损伤现象。

二、任务实施与考核

(1) 学生对点火系统进行拆装和维护，在充分掌握上述知识与技能的前提下，完成工作单。

(2) 教师在指导过程中，根据完成的情况完成考核表（见表 3-6）。

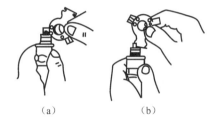

图 3-77 火花塞间隙的测量和调整
(a) 测量；(b) 调整

表 3-6 教师考核记录表

实训项目：__点火系统的拆装与维护__

班级学号		姓名	
项目	必要的记录	分值	评分
工作着装、工作安全、卫生情况		10	
火花塞的拆装		20	
火花塞的检查		15	
高压分缸线的检查		15	
工具的选用		10	
工作单的填写情况		30（工作单成绩折算）	
总分			
		老师签字：_____年___月___日	

任务 3-6　起动机的拆装与维护

任务目标

1. 能够正确描述起动系统的组成及工作原理；
2. 能够正确描述起动机的结构及工作原理；
3. 能够熟练拆装起动机总成；
4. 能够正确描述起动机的使用与维护。

任务引入

起动机的拆装与维护包括起动机的就车拆装、起动机的使用与维护。

相关知识

一、汽车起动系统的组成及工作原理

如图 3-78 所示，汽车起动系统由蓄电池、点火开关、起动继电器、起动机等组成。当点火开关旋至起动挡时，电动机开始转动并产生转矩，同时电磁开关将传动机构中的驱动齿轮推出，使之与发动机的飞轮齿圈啮合，将电动机的转矩传递给飞轮，飞轮带动曲轴旋转，使发动机起动运转。

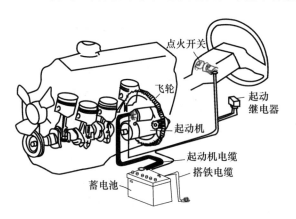

图 3-78　汽车起动系统的组成

二、起动机的结构与工作原理

如图 3-79 所示，常规起动机由直流串励式起动机、单向传动机构和控制装置（电磁开关）三部分组成。

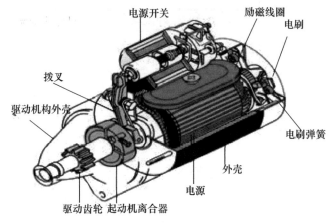

图 3-79　起动机的结构

如图3-80所示,当点火开关位于启动挡时,电流方向为:蓄电池→点火开关→端子50→保持线圈→搭铁。此时,吸引线圈中也有电流流过,方向为:蓄电池→点火开关→端子50→吸引线圈→端子C→励磁线圈→电枢→搭铁。此时,吸引线圈和励磁线圈中的电流较小,电动机低速旋转。同时,吸引线圈和保持线圈产生的磁场吸引活动铁芯右移,使与活动铁芯相连的拨叉拨动驱动齿轮和飞轮齿圈啮合。

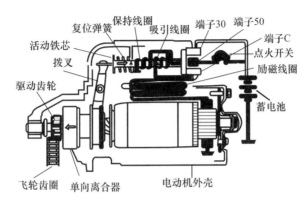

图3-80 起动机的工作原理

当驱动齿轮与飞轮齿圈啮合后,与铁芯连在一起的接触片将端子30和端子C接通,通过电动机的电流增大,电动机转速升高。此时由于吸引线圈两端电压相等,所以无电流通过。保持线圈产生的电磁力使活动铁芯保持原位。此时电流方向分别是:蓄电池→点火开关→保持线圈→搭铁;蓄电池→端子30→端子C→励磁线圈→电枢→搭铁。

当点火开关回到ON挡位时,切断了端子50上的电压。此时保持线圈和吸引线圈中的电流方向相反,因此电磁力消失。活动铁芯复位,驱动齿轮与飞轮齿圈脱离,同时端子30和端子C间的电路中断,电动机停止转动,起动过程结束。

一、技能学习

1. 起动机总成的拆装

1)起动机的拆卸

(1)断开蓄电池的负极电缆,如图3-81所示。

(2)从起动机上拆下两条导线,如图3-82所示。拆下"30"接线柱螺母,从起动机的电磁开关上拆下蓄电池至起动机的正极电缆。从起动机"50"接线柱上拉出电线连接接头。

(3)拆下起动机。如图3-83所示,拧松起动机的安装螺栓,然后将起动机从飞轮壳上拆下来。

2)起动机的安装

(1)安装起动机:插入起动机,用起动机安装

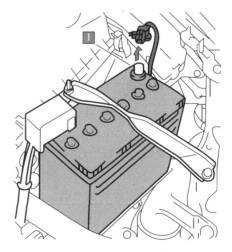

图3-81 断开蓄电池负极

1—蓄电池负极

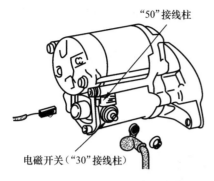

图3-82 拆下起动机的导线

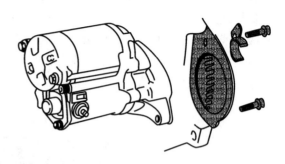

图3-83 拆下起动机

螺栓安装和固定起动机。

（2）拧紧起动机安装螺栓：将起动机顶在离合器或变矩器壳上，然后用手拧动安装螺栓2～3圈，再拧至规定转矩（转矩：39 N·m），如图3-84所示。

（3）连接起动机连接器：将连接器插入"50"接线柱，确定连接器牢牢接合。

（4）如图3-85所示，连接起动机电缆：将起动机电缆连接到起动机的端子"30"上，用螺母将其固定。

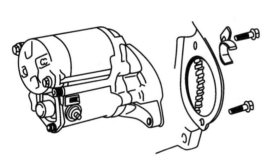

图3-84 安装起动机

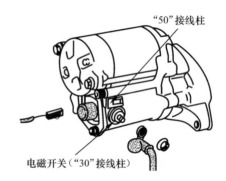

图3-85 安装电源线

（5）将蓄电池搭铁线连接在蓄电池上，拧紧接线柱螺栓。

2. 起动机的使用与维护

（1）起动前应将变速器挂上空挡，自动变速器的汽车应将换挡杆置于停车挡P或空挡N，起动同时踩下离合器踏板。

（2）每次接通起动机的时间不得超过5 s，两次之间应间歇15 s以上。

（3）当发动机起动后应立刻松开点火开关，切断起动挡，使起动机停止工作。

（4）经过3次起动，发动机仍没有起动着火，仍停止起动，则应进行简单的检查，如蓄电池的容量、极柱的连接、油电路等，否则蓄电池的容量将严重下降，起动发动机变得更加困难。

（5）在拆卸起动机之前，应先拆下蓄电池的搭铁电缆线。

二、任务实施与考核

（1）学生对起动机进行拆装，在充分掌握上述知识与技能的前提下，完成工作单。

（2）教师在指导过程中，根据完成的情况完成考核表（见表3-7）。

表 3-7 教师考核记录表

实训项目： 起动机的拆装与维护

班级学号		姓名		
项目	必要的记录		分值	评分
工作着装、工作安全、卫生情况			10	
起动机的拆装方法			20	
起动机的拆装步骤			20	
工具的选用			10	
正确描述起动机的使用与维护			10	
工作单的填写情况			30（工作单成绩折算）	
总分				
			老师签字：_____年___月___日	

任务 3-7 润滑系统的拆装与维护

1. 能够正确描述润滑系统的作用与分类；
2. 能够正确描述润滑系统的基本组成及工作原理；
3. 能够正确描述机油的循环路线；
4. 能够熟练拆装与检测润滑系统的主要部件；
5. 能够熟练操作机油的检查及加注；
6. 能够熟练更换机油、机油滤清器。

润滑系统的拆装与维护包括机油泵总成的拆装和润滑系统的维护。润滑系统的维护包括发动机机油的检查、机油质量的检查、发动机机油的排放、机油滤清器的更换、机油的加注。

一、润滑系统的功用

发动机工作时，所有相对运动的零件金属表面之间都会产生磨损，这将增大功率消耗，降低机械效率；摩擦产生大量的热导致零件工作表面烧损，使发动机无法正常运转。因此，发动机必须设有润滑系统，以保证发动机工作的可靠性。润滑系统的功用有以下五种。

（1）润滑。减少相对运动零件表面之间的摩擦与磨损，降低摩擦功率消耗。

（2）冷却。润滑油在润滑零件表面的过程中，不断地将零件表面因摩擦而产生的部分热量带走，以使零件摩擦表面不致因温度过高而熔化。

（3）清洗。将零件表面的尘埃、磨屑等污垢带走。

（4）密封。由于润滑油的黏性作用，在活塞和气缸壁之间形成的油膜增强了活塞、活塞环和气缸壁之间的密封作用，减少了活塞与气缸壁之间的漏气现象。

（5）防腐。防止金属表面产生锈蚀和腐蚀。

二、发动机的润滑方式

发动机工作时，各运动零部件的位置、相对运动速度、承受的机械负荷和热负荷等不同，对润滑强度的要求也不同。因此，根据发动机不同运动表面的工作特点，润滑方式可分为压力润滑、飞溅润滑和定期润滑三种。

三、润滑系统的组成及工作原理

润滑系统总体组成随不同发动机而有所不同。现代汽车发动机润滑系统主要由油底壳、机油集滤器、机油泵、机油滤清器、油道、限压阀、旁通阀、机油散热器、机油压力传感器、机油冷却器等组成。如图 3-86 所示。

（1）油底壳。储存机油的容器。

（2）机油泵。建立油压保证机油循环的装置。

（3）机油集滤器、机油滤清器。它是用于滤除机油中的机械杂质和胶质的装置。

（4）限压阀。用于限制机油的最高压力，以防止机油压力过高而增加机油泵的功率损失，并防止润滑系统的密封元件和管路以及散热器等遭到损坏。

（5）旁通阀。当机油滤清器阻塞时，该阀打开，使机油不经过滤清器直接进入主油道，而不影响发动机的正常工作。

（6）主油道、分油道。在发动机机体上加工出来的一系列润滑油道。

（7）机油压力传感器。它是润滑系统必要的安全监控设备。

在图 3-86 中，发动机润滑油循环过程的油路如图 3-87 所示。

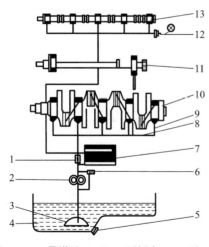

图 3-86 桑塔纳 2000Gsi 型轿车 AJR 型发动机润滑系示意图

1—旁通阀；2—机油泵；3—集滤器；4—油底壳；5—放油螺塞；6—安全阀；7—机油滤清器；8—主油道；9—油道；10—曲轴；11—压力开关；12—机油压力指示灯；13—凸轮轴

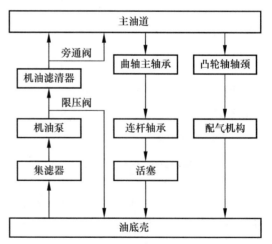

图 3-87 发动机润滑油循环过程的油路

一、技能学习

1. 机油泵总成的拆装

1) 机油泵总成的拆卸

发动机润滑系机油泵总成零部件位置如图 3-88 所示。

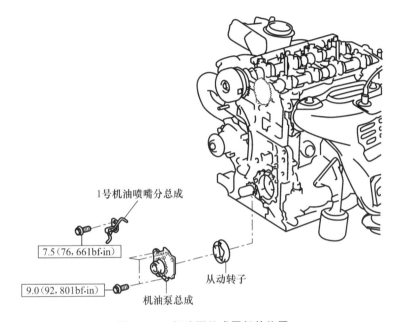

图 3-88 机油泵总成零部件位置

(1) 拆下正时链条分总成。

(2) 拆下机油喷嘴分总成,如图 3-89 所示。

(3) 拆下机油泵总成,如图 3-90 所示。

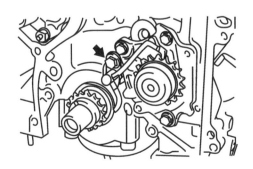

图 3-89 拆卸机油喷嘴分总成

图 3-90 拆卸机油泵总成

(4) 拆下从动转子,如图 3-91 所示。

2) 机油泵总成的安装

(1) 安装从动转子,如图 3-92 所示。

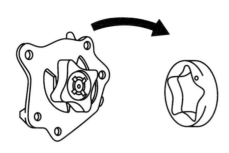 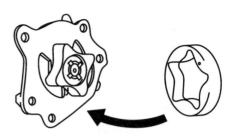

图 3-91　拆下从动转子　　　　　　图 3-92　从动转子的安装

（2）安装机油泵总成。

（3）安装机油喷嘴分总成。

（4）安装正时链条及其附属零件。

2. 润滑系统的维护

1）发动机机油的检查

（1）机油液位的检查。

a. 将车辆停放在举升机平台的中央位置，拉紧驻车制动器或变速器置于空挡位置，保证汽车稳定停靠。

b. 安装转向盘套、换挡手柄套、座椅套，铺设地板垫，起动发动机并让发动机达到正常工作温度。

c. 停止发动机并等待约 5 min，使机油流回油底壳。

d. 打开发动机舱盖，安装翼子板布、前格栅布，拉出油尺，用抹布擦干净后全部插回去。机油游标尺在发动机中的位置如图 3-93 所示。

e. 拔出机油油标尺，检查油量。油量应在"MIN"与"MAX"之间，如图 3-94 所示。

 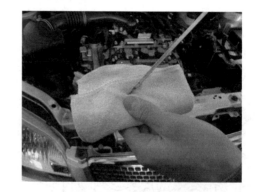

图 3-93　发动机机油油标尺的位置　　　　　图 3-94　机油油标尺的刻度

f. 如果发现油量低于或在"MIN"位置，应补充机油，直到油量靠近或到达"MAX"位置，千万不能过量。

（2）机油质量的检查。

合格油品颜色呈深棕色到蓝黑色，有酸性气味，有黄色油迹挂壁；触摸时手感黏稠，用手沾水后捻搓，油稍乳化。

若发现机油质量明显不良，需要更换机油。

2)发动机机油的排放

(1)将工位的卫生清理干净,排除障碍物,防止有水或油造成打滑,影响安全操作。准备好相关的工具和物品等。

(2)将车辆停放在举升机平台的中央位置,拉紧驻车制动器或变速器置于空挡位置,保证汽车稳定停靠。

(3)起动发动机,其间注意观察水温表指示数值的变化,当水温达到60 ℃~70 ℃时,关闭发动机。

提示:将发动机预热,提高发动机的温度,使机油黏度降低,有利于发动机内的机油排放彻底。

(4)调整车辆的位置,然后调整举升机提升臂的角度和抽拉臂的长度,使托垫对正车辆地板上的支撑点。如图3-95所示。

(5)操纵举升机举升车辆。当车轮离开地面时停止举升,以一定的力量按压车辆前后部,检查车身是否稳固,同时观察车辆是否有倾斜的现象,如图3-96所示。

图3-95 将托垫对正车辆地板上的支撑点

图3-96 按压车辆确认是否稳固

(6)在车身稳定的状态下,继续操纵举升机,将车辆举升到适合操作的最高位置后,可靠停驻,确认车辆可靠停驻后,才可以进入车下进行操作。

(7)车辆举升后,检查发动机各种区域的接触面、油封处和放油螺塞是否有漏油现象,油底壳是否存在变形现象,如果存在比较严重的漏油现象,应先修复后再进行换油操作,如图3-97所示。

(8)将机油回收桶放置于发动机油底壳放油螺塞的正下方,并用梅花扳手拧松放油螺塞,如图3-98所示。

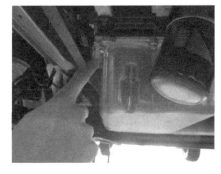

图3-97 检查漏油情况

图3-98 拧松放油螺塞

提示：当拧松放油螺塞后，需要用手缓缓旋出放油螺塞，当感觉仅剩 1~2 个丝扣时，继续旋出时要稍用力向上推放油螺塞，确定螺纹已全部旋出后，迅速移开机油排放塞，让机油流入回收桶内。

（9）放完机油后，更换放油螺塞密封垫。用手旋入放油螺塞，然后用扭力扳手拧紧到规定扭矩。

（10）用抹布清洁放油螺塞和油底壳上的油迹，如图 3-99 所示。

3）机油滤清器的更换

（1）用机油滤清器扳手旋松机油滤清器，然后用手旋下机油滤清器，如图 3-100 所示。

图 3-99　清洁油渍

图 3-100　机油滤清器的拆卸

（2）在新的滤清器内加注机油约为其容量的 3/4 后，在滤清器的 O 形环上均匀涂抹一薄层机油，如图 3-101 所示。

提示：在新机油滤清器的 O 形环上涂抹一薄层机油，可以起到辅助密封的作用。

（3）用手把新的机油滤清器旋入机油滤清器支座上并用力拧紧，使用机油滤清器扳手把滤清器再拧紧 3/4 圈。

（4）用抹布清洁机油滤清器及其支座上的机油。

5）机油的加注

（1）操纵举升机降下车辆。

（2）用抹布清洁加油塞周围的油渍、尘土等，然后把抹布放置在加油口的周围。

（3）如图 3-102 所示，选择规定黏度的机油，然后一只手握住机油桶上的手柄，另一只手托住桶的底部，对正加油口，稍稍倾斜机油桶，缓缓地将机油倒入发动机内。直至油位位于上下刻度线中间偏上的位置。

图 3-101　在新滤清器的 O 形环上涂抹机油

图 3-102　机油的加注

提示：SAE 按照不同的黏度等级，将机油分为冬季用机油和非冬季用机油两类。冬季用机油有 6 种牌号：SAE0W、SAE5W、SAE10W、SAE15W、SAE20W 和 SAE25W；非冬季用机油有 4 种牌号：SAE20、SAE30、SAE40 和 SAE50。

如果使用上述牌号的单级机油，需要根据季节和气温的变化经常更换机油。

（4）旋紧机油加注口盖。

（5）起动发动机，怠速运转 3~5 min 后，关闭发动机，再过 3~5 min 后拔出机油油标尺，观察机油油标尺显示的油位位置是否正常。若在上下刻度线中间偏上的位置，说明正常；若偏下，则需要添加适量的机油；若高于上刻度线，则需要放出过量的机油。

（6）重新举升车辆至适当的位置，检查放油螺塞、机油滤清器和发动机各种区域的接触面是否有漏油现象。

（7）操纵举升机将车辆降到地面，拆卸翼子板布、前格栅布；拆下转向盘套、换挡手柄套、座椅套、地板垫；清洁工位卫生，擦拭并整理工具。

二、任务实施与考核

（1）学生对润滑系统进行拆装和维护，在充分掌握上述知识与技能的前提下，完成工作单。

（2）教师在指导过程中，根据完成的情况完成考核表（见表 3-8）。

表 3-8 教师考核记录表

实训项目：__润滑系统的拆装与维护__

班级学号		姓名		
项目	必要的记录		分值	评分
工作着装、工作安全、卫生情况			10	
机油泵总成的拆装			10	
发动机机油的检查			10	
发动机机油的排放			10	
发动机机油的加注			15	
机油滤清器的更换			15	
工作单的填写情况			30（工作单成绩折算）	
总分				

老师签字：
_____年___月___日

任务 3-8 冷却系统的拆装与维护

任务目标

1. 能够正确描述冷却系统的作用与分类；
2. 能够正确描述冷却系统的基本组成及工作原理；
3. 能够熟练拆装冷却系统的主要部件；

4. 能够熟练检查冷却液的液位、泄漏情况；

5. 能够熟练检查散热器盖的性能；

6. 能够熟练更换冷却液。

冷却系统的拆装与维护包括冷却系统的拆装和冷却系统的维护。冷却系统的拆装包括散热器的拆装、水泵的拆装；冷却系统的维护包括冷却液液位的检查、散热器盖的检查、冷却液的更换。

一、冷却系统的作用

汽车发动机工作时，气缸内燃烧室气体燃烧的温度最高可达 2 800 K（0 ℃时为273 K），发动机零件接触高温受到强烈的加热，如果不采取适当的冷却措施，将不能确保发动机正常工作。发动机冷却系统主要用于使发动机得到适度的冷却，从而保证其在最适宜的温度范围内工作。

二、冷却系统的分类

发动机冷却系统按冷却介质的不同，可分为水冷系统和风冷系统两类。

1. 水冷系统

水冷系统以冷却液为冷却介质，通过冷却液在发动机水套中强制循环流动而吸收多余的热量，再将此热量散入大气而进行冷却。水冷系统广泛用于汽车发动机。所以本书中所提及的冷却系统为水冷系统。

2. 风冷系统

风冷系统以空气为冷却介质，通过高速流动的空气吹过装在气缸体和气缸盖表面的散热片，将发动机中高温零件的热量直接散入大气中而进行冷却。

三、冷却系统的组成及原理

水冷式冷却系统是由散热器、水泵、风扇、冷却水套和节温器等组成，如图 3 – 103 所示。

散热器内的冷却水加压后通过气缸体进水孔压送到气缸体水套和气缸盖水套内，冷却水在吸收了机体的大量热量后经气缸盖出水孔流回散热器。由于有风扇的强力抽吸，空气流由前向后高速通过散热器。因此，受热后的冷却水在流过散热器芯的过程中，热量不断地散发到大气中去，冷却后的水流到散热器的底部，又被水泵抽出，再次压送到发动机的水套中，如此不断循环，把热量不断地送到大气中去，使发动机不断地得到冷却，如图 3 – 104 所示。

通常，冷却水在冷却系统内的循环流动路线有两条，一条为大循环，另一条为小循环。所谓大循环是水温高时，水经过散热器而进行的循环流动；而小循环就是水温低时，水不经过散热器而进行的循环流动,从而使水温升高。

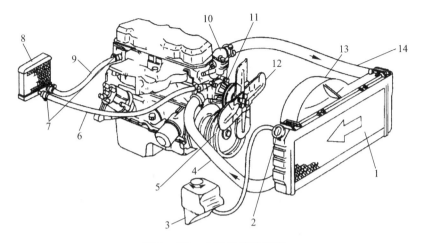

图 3-103 水冷系统的组成

1—散热器；2—散热器盖；3—膨胀水箱；4—散热器出水管；5—皮带轮；6—暖风机出水管；7—管箍；8—暖风机芯；
9—暖风机进水软管；10—节温器；11—水泵；12—冷却风扇；13—百叶窗；14—散热器进水软管

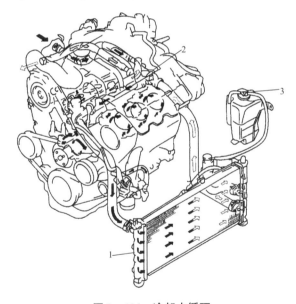

图 3-104 冷却水循环

1—散热器；2—节温器；3—储水罐

一、技能学习

1. 冷却系统各总成的拆装

1）冷却系统各总成拆装的注意事项

（1）发动机过热时不可旋下盖子，以防高温冷却液喷出烫伤人。

(2) 注意电动风扇不受点火开关控制,须在冷机时检查,防止风扇意外转动而伤人。

2) 散热器的拆装

(1) 散热器的拆卸。

a. 拆卸前保险杠,通过散热器上的放液螺塞排空冷却液,松开连接法兰处的固定卡箍,从散热器上拔下冷却液软管,如图3-105中箭头所示。

b. 从散热器上拆下导风罩,拆下冷凝器紧固螺栓,从空调压力开关上拆下插头,向上拉冷凝器,使其脱离支座,然后向前转动,用绳索将其固定在右前轮上。如图3-106所示。

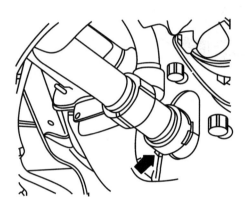

图3-105 拆卸前保险杆

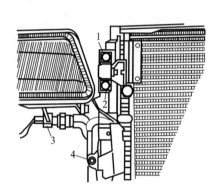

图3-106 拆下导风罩、紧固螺栓、空调压力开关插头

1,2—螺栓;3—压力开关插头;4—导风罩

c. 松开散热器的两个锁止销,向上将其拔下。向前端摆动散热器,抬起并拆下。如图3-107所示。

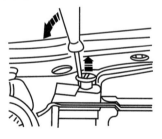

图3-107 拆下散热器的两个锁止销

(2) 散热器的安装。

按与拆卸相反顺序安装散热器。

3) 节温器的拆装

(1) 节温器的拆卸。

a. 排放冷却液。

b. 松开螺栓,取出节温器盖、O形密封圈和节温器。如图3-108所示。

(2) 节温器的安装。

a. 清洁O形密封圈的密封表面。

b. 安装节温器,节温器的感温部分必须在气缸体内。

c. 用冷却液浸湿新的O形密封圈,拧紧螺栓。

4) 水泵的拆装

(1) 水泵的拆卸。水泵的组成结构如图3-109所示。

a. 把水泵本体壳部夹紧固定在夹具中。

b. 拧松带盘紧固螺栓,拆下带盘。

c. 分解前盖与泵壳,但注意分批拧松紧固螺栓。

d. 用拉具拆卸下带轮凸缘。

e. 用拉具小心拆卸水泵叶轮,防止损坏叶轮。

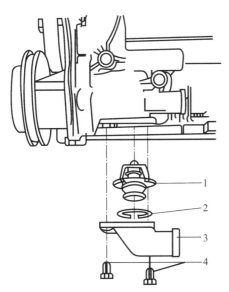

图 3-108 拆卸节温器

1—节温器；2—O 形密封圈；3—管接头；4—螺栓

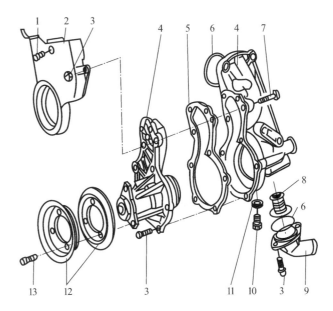

图 3-109 水泵的组成结构

1,13—螺栓；2—正时带下护罩；3—螺母；4—水泵；5—衬垫；
6—O 形密封圈；7—锤头螺栓；8—节温器；9—管接头；
10—放液螺塞；11—油封；12—多楔带轮

f. 压出水泵轴和轴承。

g. 分解水泵轴与轴承。

h. 压出水封、油封。

i. 放松泵本体壳，换位夹紧，拆卸下进水口结构的紧固螺栓，取下该接管。

j. 拆卸下密封圈。

k. 拆卸下节温器。

l. 更换所有衬垫及密封圈。

（2）水泵的安装。

安装时基本顺序与拆卸顺序相反，除了更换密封件外，其余各零部件均应进行清洗、检查、测量，合格件才能使用。

2. 冷却系统的维护

1）冷却液的检查

（1）冷却液液位的检查。

a. 把汽车放在平路上，关掉点火钥匙，拉紧驻车制动器，打开发动机盖。

b. 仔细检查副水箱的冷却液液位是否在最低与最高位置之间，如图 3-110 所示。

c. 如果冷却液液位低于最低线，则检查是否有泄漏的地方。

（2）冷却液渗漏情况检查。

a. 检查散热器、橡胶软管、散热器管和软管

图 3-110 冷却液的液位

夹周围是否有冷却液渗漏。

b. 检查管路情况。

◆ 检查冷却系统管路是否破损和变形。

◆ 检查冷却系统管路连接卡箍是否松动。

◆ 在发动机运转状态下，检查连接处是否存在明显的漏水现象。

2）散热器盖的检查

（1）外观检查。

检查散热器盖橡胶密封垫是否有老化现象。

（2）压力测试。

拆卸散热器盖，将散热器盖安装在检查仪上，如图3-111所示，用手动泵使压力上升，压力稳定在93.16~122.58 kPa。

检查压力是否下降。如果压力下降，更换散热器盖。

3）冷却液的更换

（1）排放冷却液。

a. 将冷暖风开关拨至热位置，将暖气阀全开。

b. 打开散热器盖。

注意：如果发动机温度很高时，打开散热器盖前，要在散热器盖上放一块抹布并松开45°（以便释放压力），再拧下散热器盖，否则，冷却液将会溅出。

c. 如图3-112所示，拆下管道上的夹箍，拉出冷却液软管，放出冷却液。用容器收集冷却液，以便以后使用。

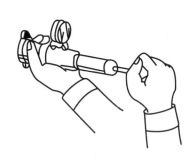

图3-111 检查散热器盖限压阀的功能

图3-112 拆下管道的夹箍

（2）添注冷却液。

a. 将冷暖风开关拨至热位置，将暖气阀全开。

b. 添注冷却液至膨胀水箱上的最高点标记处。

c. 使发动机运转至风扇转动，然后继续从加水口处加冷却液进行排空，直到无气泡冒出为止。

d. 把发动机的转速固定在2 000 r/min，往散热水箱加满冷却液后旋紧散热器盖。同时往膨胀水箱加冷却液到高、低刻度线中间位置即可。

二、任务实施与考核

(1) 学生对冷却系统进行拆装和维护,在充分掌握上述知识与技能的前提下,完成工作单。

(2) 教师在指导过程中,根据完成的情况完成考核表(见表3-9)。

表3-9 教师考核记录表

实训项目:　冷却系统的拆装与维护

班级学号		姓名		
项目	必要的记录		分值	评分
工作着装、工作安全、卫生情况			10	
散热器的拆装			10	
节温器的拆装			10	
水泵的拆装			10	
冷却液的检查			10	
散热器盖的检查			10	
冷却液的更换			10	
工作单的填写情况			30(工作单成绩折算)	
总分				
			老师签字: ＿＿＿＿年＿＿月＿＿日	

思考与练习

一、思考题

1. 曲柄连杆机构由哪几部分组成?其作用是什么?
2. 简述配气机构的组成及作用。
3. 简述如何更换空气滤清器。
4. 汽油机燃料供给系统有何作用?
5. 如何更换燃油滤清器?
6. 电控燃油喷射系统由哪几大部分组成?
7. 发动机润滑方式有哪几种?
8. 如何更换机油及机油滤清器?
9. 水冷系统由哪些部件组成?各有何功用?
10. 起动机由哪几部分组成?各部分的作用是什么?

二、单项选择题

1. 机油滤清器堵塞,会阻碍润滑油的流动,使发动机润滑不良、磨损加大甚至烧瓦等,通常每行驶(　　)公里更换一次。

　A. 1 000　　　　　B. 2 000　　　　　C. 8 000　　　　　D. 20 000

2. 汽车发动机正常的工作温度是(　　)。

A. 60 ℃～70 ℃　　B. 70 ℃～80 ℃　　C. 80 ℃～90 ℃　　D. 90 ℃～100 ℃

3. 在严寒地区冬季使用的发动机润滑油应选用（　　）多级油。

A. 10 W　　　　　B. 5 W/20　　　　C. 15 W　　　　　D. 20 W/40

4. （　　）用来改变冷却水的循环路线及流量，自动调节冷却的温度。

A. 水泵　　　　　B. 风扇　　　　　C. 散热器　　　　D. 节温器

5. 冷却系统的水泵通常是由发动机的（　　）来驱动的。

A. 飞轮　　　　　B. 曲轴　　　　　C. 配气机构　　　D. 动力转向泵

6. 检查冷却液液面高度时应（　　）观察。

A. 平视　　　　　B. 俯视　　　　　C. 仰视　　　　　D. 都可以

7. 放油螺塞的紧固力矩是（　　）N·m。

A. 30　　　　　　B. 90　　　　　　C. 180　　　　　D. 120

8. 发动机的润滑方式有（　　）种。

A. 1　　　　　　 B. 2　　　　　　 C. 3　　　　　　 D. 4

9. 目前汽车发动机上广泛采用的是（　　）。

A. 风冷却　　　　B. 油冷却　　　　C. 水冷却　　　　D. 电冷却

10. 将气缸盖用螺栓固定在气缸体上，拧紧螺栓时，应（　　）。

A. 由中央对称地向四周分几次拧紧　　B. 由中央对称地向四周分一次拧紧

C. 由四周向中央分几次拧紧　　　　　D. 由四周向中央分一次拧紧

三、多项选择题

1. 活塞连杆组由（　　）等组成。

A. 活塞　　　　　B. 活塞环　　　　C. 活塞销　　　　D. 连杆

2. 以下属于发动机的组成部分的有（　　）。

A. 冷却系统　　　B. 润滑系统　　　C. 燃料供给系统　D. 制动系统

3. 曲柄连杆机构主要由（　　）组成。

A. 机体组　　　　B. 活塞连杆组　　C. 曲轴飞轮组　　D. 配气机构

4. 下列选项属于空气供给系统组成的有（　　）。

A. 空气滤清器　　B. 空气流量传感器　C. 进气总管　　D. 怠速空气控制阀

5. 下列选项属于燃油供给系统的有（　　）。

A. 电动燃油泵　　　　　　　　　　　B. 燃油压力调节器

C. 燃油压力脉动阻力器　　　　　　　D. 电磁喷油器

6. 下列属于电子控制系统插接器的检查项目的有（　　）。

A. 检查是否有接触不良的端子　　　　B. 检查导线安装是否牢固

C. 检查是否有弯曲、破裂或锈蚀的端子　D. 确认插接器是否固定牢靠

7. 下列选项属于点火系统组成的有（　　）。

A. 电源　　　　　B. 点火线圈　　　C. 分电器　　　　D. 点火控制器

8. 下列选项属于火花塞检查项目的有（　　）。

A. 检查火花塞电极的烧蚀情况　　　　B. 测量中央电极和侧电极之间的间隙值

C. 检查火花塞的密封垫圈是否有断裂　D. 检查火花塞的密封垫圈是否有扭曲

9. 起动系统由（　　）组成。

A. 蓄电池　　　　　B. 点火开关　　　　C. 起动继电器　　　　D. 起动机

10. 下列选项属于润滑系统组成件的有（　　）。

A. 油底壳　　　　　B. 机油泵　　　　　C. 机油滤清器　　　　D. 主油道

四、判断题

1. 对活塞做标记时，应从发动机前端向后打上气缸号，并打上指向发动机前端的箭头。（　　）

2. 发动机油过多不仅会增加发动机功率损失，而且会产生烧排机油故障。（　　）

3. 更换燃油滤清器时，有的滤清器上有两个箭头，安装时可不用分方向。（　　）

4. 在清洁纸质空气滤清器时，可以用水或汽油进行清洗。（　　）

5. 车辆在高速、高负荷及交通堵塞情况下频繁停车和起步消耗的机油要比正常行驶时所消耗的机油多。（　　）

6. 发动机冷却液的循环可分为大循环和小循环。（　　）

7. 补充发动机机油时要防止杂物进入注入口，油面高度可以超过 F 线。（　　）

8. 燃油滤清器堵塞会导致混合气过浓、燃烧不完全、功率下降、排气超标。（　　）

9. 用专用工具安装凸轮轴前油封时，不要压到底，否则会堵塞油道。（　　）

10. 每次接通起动机的时间不超过 1 min，两次之间应间歇 5 min 以上。（　　）

项目四
底盘的拆装与维护

任务 4-1　离合器的拆装与维护

1. 能够正确描述离合器的功用及安装位置；
2. 能够正确描述离合器的组成及工作原理；
3. 能够熟练拆装离合器总成；
4. 能够熟练操作离合器的维护内容。

离合器总成的拆装与维护包括离合器总成的就车拆装和离合器的维护。离合器的维护包括离合器踏板性能的检查、离合器液压系统的检查、离合器踏板高度的检查及调整、离合器踏板自由行程的检查及调整、离合器磨损、离合器噪声、离合器沉重感的检查、离合器分离点的检查。

一、离合器的功用

（1）使发动机与传动系平稳地接合，保证汽车平稳起步。
（2）保证变速器换挡平顺。
（3）防止传动系过载。

二、离合器的安装位置

离合器是汽车传动系中直接与发动机相联系的总称。其位于发动机和变速器之间，通常与发动机曲轴飞轮组的飞轮安装在一起，其安装位置如图 4-1 所示。

三、离合器的组成

离合器由主动部分、从动部分、压紧机构、操纵机构四部分组成，如图 4-2 所示。

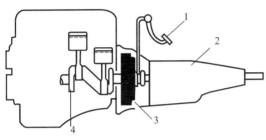
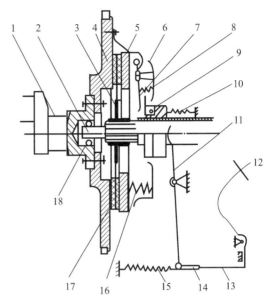

图 4-1 离合器的安装位置　　　　图 4-2 摩擦离合器的基本组成

1—离合器踏板；2—手动变速器；3—离合器；4—发动机

1—曲轴；2—输出轴（变速器第一轴）；3—从动盘；4—飞轮；5—压盘；6—离合器盖；7—分离杠杆；8，10，15—回位弹簧；9—分离轴承；11—分离叉；12—离合器踏板；13—分离拉杆；14—分离拉杆调节叉；16—压紧弹簧；17—从动盘摩擦片；18—轴承

1. 离合器主动部分

离合器主动部分包括飞轮、离合器盖和压盘。离合器盖用螺栓固定在飞轮上，离合器盖侧面开有窗口。压盘外圆周上制有凸台，凸台伸入离合器盖的窗口中，使得压盘既能随离合器盖转动，又能沿窗口轴向移动。

2. 离合器从动部分

离合器从动部分包括从动盘和从动轴。从动盘由两侧铆接的两块摩擦片、从动盘本体、波形弹簧片及扭转减振器等构成。带有双面摩擦衬片的离合器从动盘通过中心花键毂与从动轴（变速器第一轴）上的花键相配合，其前端通过轴承支承在曲轴后端的中心孔中，后端支承在变速器壳体上。

3. 离合器压紧机构

离合器的压紧机构由若干根沿圆周均匀布置的压紧弹簧组成，它们装在压盘与离合器盖之间，用来将压盘和从动盘压向飞轮，使飞轮、从动盘和压盘三者压紧在一起，使离合器接合。

4. 离合器操纵机构

离合器的操纵机构由离合器踏板、分离拉杆、调节叉、分离套筒、分离轴承、回位弹簧等一系列离合器踏板到分离杠杆之间的零件组成。分离轴承和分离套筒压装成一体，松套在从动轴的轴套上，分离叉是中部有支点的杠杆，拉动分离叉下端便可通过分离轴承、分离杠杆向后拉动压盘，从而解除压盘对从动盘的压力，使离合器分离。

目前在轿车上常见的是液压式离合器操纵机构，并多数带有弹簧助力。下面以桑塔纳2000轿车的液压操纵系统为例进行介绍。

桑塔纳2000型轿车离合器液压操纵系统如图4-3所示，其由离合器踏板、储液罐、进油软管、离合器主缸、离合器工作缸、油管总成、分离叉、分离轴承等组成。

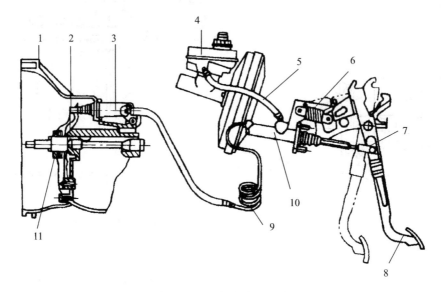

图4-3　桑塔纳2000型轿车离合器液压操纵系统
1—变速器壳体；2—分离叉；3—离合器工作缸；4—储液罐；5—进油软管；6—助力弹簧；7—推杆接头；
8—离合器踏板；9—油管总成；10—离合器主缸；11—分离轴承

任务实施与考核

一、技能学习

1. 离合器的拆装

1）离合器的拆卸

（1）拆下变速器。

（2）用专用工具将飞轮固定（见图4-4），在飞轮、压盘及盖上做好安装标记；然后逐渐将离合器压盘的固定螺栓对角拧松，取下离合器盖及压盘总成，并取下离合器从动盘。

（3）从变速器前壳体上拆下离合器分离轴承、轴承座、分离叉等零件。

2）离合器的安装

离合器的安装按拆卸相反顺序进行装配。

（1）用专用工具将飞轮固定。

（2）如图4-5所示，用专用工具将离合器从动盘定位于飞轮和压盘中心。

（3）装配离合器盖和压盘总成时，需对准与飞轮上的安装标记。

（4）装上离合器盖与飞轮的紧固螺栓，并用25 N·m的力矩对角逐渐旋紧，抽出专用工具。

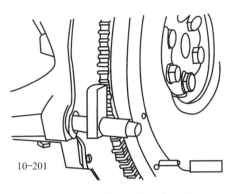
图4-4 用专用工具固定飞轮

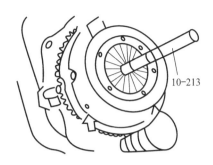
图4-5 离合器的安装

2. 离合器的维护

1）离合器踏板性能的检查

起动发动机，连续踩下离合器踏板时，检查离合器踏板的工作状况。

（1）不应有回弹无力的情况。

（2）踩踏时应无异常噪声、过度松动的情况。

（3）每次踩踏踏板时，踏板不应有沉重感。

2）离合器液压系统的检查

（1）检查储液罐中液面的高度，应位于"MIN"与"MAX"刻度线中间的位置，如图4-6所示。

注意：大多数轿车离合器液压系统和制动系统共用一个储液罐。

（2）检查离合器总泵进出油口处、总泵端口处、储液罐、离合器软管、分泵进油口等部位，是否存在漏油现象。

3）离合器踏板高度的检查及调整

（1）检查。

如图4-7所示，使用直板尺检查离合器踏板高度是否处于标准范围内。如果超出范围，应调整踏板高度。

图4-6 离合器储液罐的液位

图4-7 测量离合器踏板高度

注意：

a. 测量时，将直板尺保持与地板垂直，踏板处于自然状态。

b. 应测量从地面到离合器踏板上表面的距离。如果必须要从地毯表面开始测量,则从标准值中扣除地毯的厚度。

(2) 调整。

a. 松开限位螺栓锁止螺母。

b. 转动限位螺栓,直到踏板高度正确。

c. 拧紧限位螺栓锁止螺母。

4) 离合器踏板自由行程的检查及调整

(1) 检查。

如图4-8所示,测量时,将直板尺保持与地板垂直,踏板处于自然状态。确认此时踏板高度值后,用手稍用力下压踏板,当感觉阻力增大时,停止下压,观察踏板上平面在直板尺上显示的数值,计算得出两个数值的差值,即为离合器踏板的自由行程。

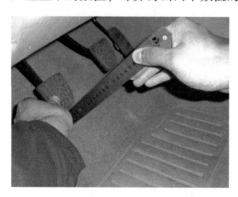

图4-8 测量离合器踏板的自由行程

(2) 调整。

a. 松开推杆锁止螺母。

b. 转动踏板推杆,直到踏板自由行程正确。

c. 拧紧推杆锁止螺母。

d. 调整好踏板自由行程后,检查踏板高度。

5) 离合器磨损、离合器噪声、离合器沉重感的检查

发动机怠速时,踩下离合器踏板,换到1挡或者倒车挡,并检查是否有异常噪声和换挡是否平稳。同时检查在踩下踏板时,其踏板力是否可以接受。

6) 离合器分离点的检查

发动机怠速运转时,不踩下离合器踏板,分别慢慢地换挡到前进挡和倒车挡;逐渐踩下离合器踏板,测量离合器踏板的自由行程的结束位置到齿轮噪声停止的位置的行程量,此行程量为离合器分离行程。齿轮噪声停止的位置为离合器分离点。

7) 离合器液压系统的排气

如果空气混入离合器液压回路,则会因离合器分离不彻底而引起其缓慢拖滞。当总泵储油罐制动液降得很低,或者拆开管路时,由于空气进入液压系统,离合器将不能正常工作。这时必须通过放气阀把液压系统中的空气放掉。

放气操作要由两人来协同进行,其排气工艺如下:

(1) 拉紧驻车制动器手柄。

(2) 检查离合器储油罐的油液液位,需要时加以补注。

(3) 从排气塞螺钉拆除橡皮罩,把排气塞螺钉擦拭干净,将乙烯软管的一端接到排气塞螺钉,另一端放进带有溶液的透明容器内。

(4) 反复踩下离合器踏板,并保持其被踩下的状态。

(5) 拧松离合器工作缸排气塞螺钉,将带气泡的离合器液排进容器内,然后立即拧紧排气塞螺钉。

(6) 缓慢地放开离合器踏板;反复进行上述作业,直到往容器内泵送的制动液的气泡消失为止。

在排气过程中,要使离合器储液罐内的制动液保持在规定的液位。

二、任务实施与考核

(1) 学生对离合器进行拆装和维护,在充分掌握上述知识与技能的前提下,完成工作单。
(2) 教师在指导过程中,根据完成的情况完成考核表(见表4-1)。

表 4-1 教师考核记录表

实训项目:___离合器的拆装与维护___

班级学号		姓名		
项目	必要的记录		分值	评分
工作着装、工作安全、卫生情况			10	
离合器总成的拆装			20	
离合器液的检查			10	
离合器性能的检查			10	
离合器踏板的检查			10	
离合器液压系统的排气			10	
工作单的填写情况			30(工作单成绩折算)	
总分				
			老师签字:_____年___月___日	

任务 4-2 手动变速器的拆装与维护

1. 能够正确描述手动变速器的作用;
2. 能够正确解释齿轮变速器的工作原理;
3. 能够正确描述手动变速器的总体构造;
4. 能够正确熟练地拆装手动变速器;
5. 能够正确熟练地进行手动变速器油油位的检查;
6. 能够熟练更换变速器油。

手动变速器的拆装与维护包括手动变速器的拆装和手动变速器的维护。手动变速器的维护包括变速器渗漏检查、变速器油油位的检查、变速器油的更换。

一、变速器的作用

汽车广泛采用活塞式发动机,其扭矩和转速变化范围小,而复杂的使用条件则要求汽车的牵引力和车速能在相当大的范围内变化。为此在传动系中设置了变速器，以适应汽车经常变化的行驶条件，并与发动机配合工作使汽车具有良好的动力性和经济性。概括而言，变速器的作用如下：

（1）实现变速变扭。变速器通过改变传动比，扩大驱动轮转矩和转速的变化范围，以适应汽车在各种行驶条件下所需的牵引力和合适的行驶速度，并使发动机能够经常在功率较高而油耗率较低的有利工况下工作。

（2）实现倒车。使汽车在发动机旋转方向不改变的前提下，利用变速器中的倒挡实现倒向行驶。

（3）实现中断动力传递。利用变速器中的空挡，中断动力传递，使发动机能够起动和怠速运转，满足汽车暂时停车或滑行的需要。

（4）实现动力输出，驱动其他机构。如有需要，可将变速器作为动力输出器，驱动其他机构，如自卸车的液压举升装置等。

二、齿轮变速器的基本工作原理

普通齿轮变速器是利用不同齿数的齿轮啮合传动来实现转矩和转速的改变的。

齿轮传动的基本原理如图4-9所示，一对齿数不同的齿轮啮合传动时可以实现变速，而且两齿轮的转速比与其齿数成反比，主动齿轮（即输入轴）转速与从动齿轮（即输出轴）转速之比值称为传动比。如图所示设主动齿轮转速为 n_1，齿数为 z_1，从动齿轮转速为 n_2，齿数为 z_2，传动比用字母 i_{12} 表示。即 $i_{12} = n_1/n_2 = z_2/z_1$。

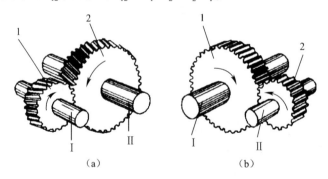

图4-9　齿轮传动的基本原理

(a) 减速传动；(b) 增速传动

1—主动齿轮；2—从动齿轮；Ⅰ—输入轴；Ⅱ—输出轴

当小齿轮为主动齿轮，带动大齿轮转动时，输出转速降低，即 $n_2 < n_1$，称为减速传动，此时传动比 $i>1$，如图4-9（a）所示；当大齿轮驱动小齿轮时，输出转速升高，即 $n_2 > n_1$，称为增速传动，此时传动比 $i<1$，如图4-9（b）所示。这就是齿轮传动的变速原理。汽车变速器就是根据这一原理利用若干大小不同的齿轮副传动而实现变速的。

三、手动变速器的总体结构

普通齿轮式变速器由齿轮传动机构、操纵机构和壳体组成。如图4-10所示，齿轮传动机构主要是通过不同齿数的齿轮副组成不同的动力传递路线（组成不同传动比的挡位）。操纵机构用以操纵齿轮机构以改变传动比。

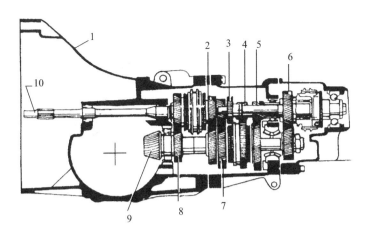

图 4 – 10　变速器的结构

1—变速器壳体；2—输入轴三挡齿轮；3—倒挡齿轮；4—倒挡轴；5—输入轴一挡齿轮；6—输入轴五挡齿轮；
7—输出轴二挡齿轮；8—输出轴四挡齿轮；9—输出轴；10—输入轴

一、技能学习

1. 手动变速器的拆装

1）变速器总成的拆卸

（1）拆下蓄电池的搭铁线。

（2）若离合器操纵机构为拉索形式，可拆下离合器拉索，如图 4 – 11 所示。

（3）举升起汽车，将传动轴（半轴）从变速器上拆下来并支撑好，如图 4 – 12 所示。

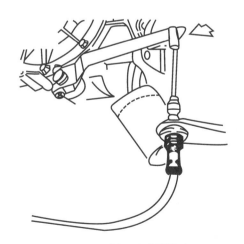

图 4 – 11　拆下离合器拉索

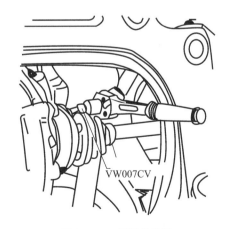

图 4 – 12　拆卸传动轴

（4）旋松变速操纵机构的内换挡杆螺栓，如图 4 – 13 所示。

（5）压出支撑杆球头并将内换挡杆与离合块分离，如图 4 – 14 所示。

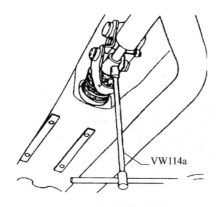
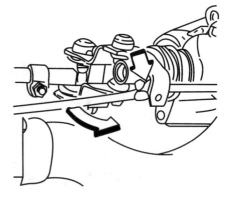

图4-13 旋松内换挡杆螺栓　　　　　图4-14 压出支撑杆球头

(6) 拆下倒挡灯开关的接头。

(7) 拆下车速里程表软轴，如图4-15所示。

(8) 拆下离合器盖板，如图4-16所示。

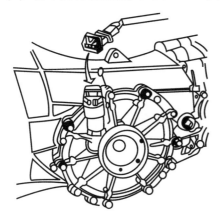
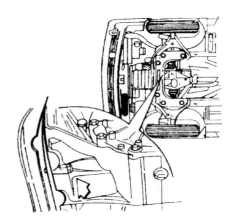

图4-15 拆下车速里程表软轴　　　　图4-16 拆下离合器盖板

(9) 放下汽车并将发动机固定好，如图4-17所示。拆下发动机与变速器上部的连接螺栓。

(10) 举升起汽车，拆下起动机的紧固螺栓。

(11) 拆下发动机中间支架，如图4-18所示。

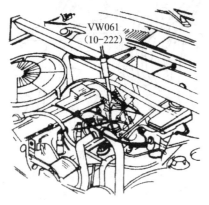
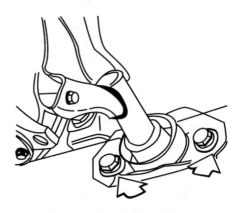

图4-17 固定发动机　　　　　　　图4-18 拆下发动机中间支架

（12）拆下螺栓1，并旋松螺栓2，如图4-19所示。拆下变速器减振垫和减振垫前支架。

（13）拆下发动机与变速器下部的连接螺栓，并拆卸变速器，如图4-20所示。

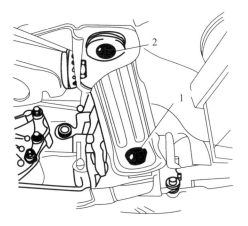

图4-19 拆下螺栓1、旋松螺栓2

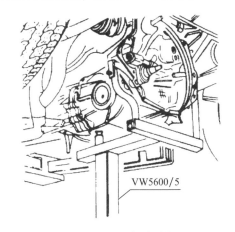

图4-20 拆卸变速器

2）变速器总成的安装

变速器总成的安装可按拆卸相反的顺序进行，如果需要，调整离合器踏板自由行程。相关的螺栓按规定力矩拧紧。

2. 手动变速器的维护

1）变速器渗漏情况检查

检查变速器各区域的渗漏情况。

（1）检查变速器壳体的接合处。

（2）检查轴和拉索伸出的区域。

（3）检查变速器前油封。

（4）检查两侧半轴油封处。

（5）检查加油螺栓和放油螺栓处。

2）变速器油油位的检查

（1）从变速器上拆卸齿轮油加油螺栓，如图4-21所示。

（2）将手指插入螺栓孔，检查油液位与手指接触的位置是否在规定范围内，如图4-22所示。如果检查油位低于规定范围，需要检查是否有齿轮油渗漏并从加油螺栓处添加齿轮油。

3）变速器油的更换

（1）将汽车平稳地停放在举升机上，并且将车辆举升到轮胎最低点距离地面约20 cm的高度，并可靠锁止提升臂。

（2）起动发动机并保持发动机怠速运转，将变速器挂入1挡，保持车辆带挡运行2~3 min，然后将变速器置于空挡，并关闭点火开关，停止发动机运转。

注意：车辆带挡短时间空载运行，目的是提高变速器温度，降低变速器油黏稠度，有利于彻底排

图4-21 拆卸加油螺栓

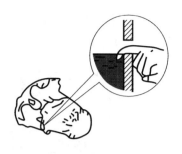
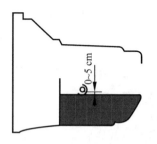

图 4-22 检查液位

放变速器油,减少变速器内残余油量。

(3) 继续举升车辆,将车辆举升到适当高度后,可靠锁止提升臂。

(4) 如图 4-23 所示,拆卸放油和加油螺栓,排出变速器油。

图 4-23 拆卸放油和加油螺栓

(5) 排放完毕后,用新垫片安装放油螺栓。将放油螺栓拧紧至适当力矩,放油螺栓拧紧力矩为 25 N·m。

(6) 将变速器油加注到规定液位,并将加油螺栓拧紧至规定力矩,加油螺栓的拧紧力矩为 25 N·m。

(7) 用抹布擦净放油和加油螺栓周围的油迹。

二、任务实施与考核

(1) 学生对手动变速器进行拆装和维护,在充分掌握上述知识与技能的前提下,完成工作单。

(2) 教师在指导过程中,根据完成的情况完成考核表(见表 4-2)。

表 4-2 教师考核记录表

实训项目:__手动变速器的拆装与维护__

班级学号		姓名		
项目	必要的记录		分值	评分
工作着装、工作安全、卫生情况			10	
手动变速器的拆装			15	
手动变速器渗漏的检查			10	
手动变速器油油位的检查			10	
手动变速器油的更换			15	
工具的选用			10	
工作单的填写情况			30(工作单成绩折算)	
总分				
			老师签字:_____年___月___日	

任务 4-3 自动变速器的拆装与维护

任务目标

1. 能够正确描述自动变速器的作用；
2. 能够正确描述自动变速器的组成及各组成件的作用；
3. 能够熟练拆装自动变速器总成；
4. 能够熟练操作自动变速器油油位的检查；
5. 能够熟练检查自动变速器油的渗漏情况；
6. 能够熟练更换自动变速器油。

任务引入

自动变速器的拆装与维护包括自动变速器的拆装和自动变速器的维护。自动变速器的维护包括自动变速器油油面高度的检查、自动变速器油油质检查、自动变速器各区域的渗漏情况检查、自动变速器油的更换。

相关知识

所谓自动变速器是指汽车驾驶中离合器的操纵和变速器的操纵都实现了自动化，简称 AT，是 Automatic Transmission 的缩写。目前自动变速器的自动换挡等过程都是由自动变速器的电子控制单元（英文缩写为 ECU，俗称电脑）控制的，因此自动变速器又可简称为 EAT、ECAT、ECT 等。

一、自动变速器的作用

自动变速器能使车辆获得更好的牵引特性；能根据发动机的负荷与转速的关系自动实现快速无冲击地换挡，减少驾驶员的换挡次数；避免发动机自行熄火，对发动机起过载保护作用，从而延长整车的使用寿命；在停车和空挡时，断开发动机的动力；倒挡时实现倒车。

二、自动变速器的分类

自动变速器按车辆驱动方式的不同，可以分为自动变速器（Automatic Transmission）和自动变速驱动桥（Automatic Transaxle）。

自动变速器按结构、控制方式的不同，可以分为液力式自动变速器、无级自动变速器（Continuously Variable Transmission，CVT）和机械式自动变速器（Automated Mechanical Transmission，AMT）。

自动变速器按自动变速器选挡杆置于前进挡时的挡位数，可以分为四挡、五挡、六挡等。

三、自动变速器选挡杆的使用

轿车自动变速器的选挡杆通常有 6 或 7 个位置，如图 4-24 所示。其功能如下：

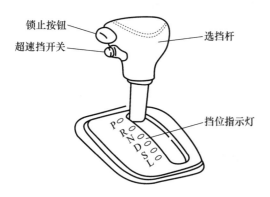

图 4-24 自动变速器选挡杆位置示意图

(1) P 位：驻车挡。选挡杆置于此位置时，驻车锁止机构将自动变速器输出轴锁止。

(2) R 位：倒挡。选挡杆置于此位置时，液压系统倒挡油路被接通，驱动轮反转，实现倒向行驶。

(3) N 位：空挡。选挡杆置于此位置时，所有机械变速器的齿轮机构空转，不能输出动力。

(4) D_4（或 D）位：前进挡。选挡杆置于此位置时，液压系统控制装置根据节气门开度信号和车速信号自动接通相应的前进挡油路，行星齿轮变速器在换挡执行元件的控制下得到相应的传动比。随着行驶条件的变化，在前进挡中自动升降挡，实现自动变速功能。

(5) D3（或 3）位：高速发动机制动挡。选挡杆位于该位置时，液压制动系统只能接通前进挡中的一、二、三挡油路，自动变速器只能在这 3 个挡位间自动换挡，无法升入四挡位，从而使汽车获得发动机制动效果。

(6) 2（或 S）位：中速发动机制动挡。选挡杆置于此位置时，液压控制系统只能接通前进挡中的一、二挡油路，自动变速器只能在这两个挡位间自动换挡，无法升入更高的挡位，从而获得发动机制动效果。

(7) 1 位（或 L）位：低速发动机制动挡。选挡杆置于此位置时，自动变速器被锁定在前进挡的一挡，只能在该挡位行驶而无法升入高挡，发动机制动效果更强。

(8) 发动机只有在选挡杆置于 N 位或 P 位时，汽车才能起动，此功能靠空挡起动开关来实现。

四、自动变速器的组成及各组成件的功用

自动变速器主要由液力变矩器、行星齿轮变速器、液压控制系统、冷却滤油装置、电子控制系统等组成，如图 4-25 所示。

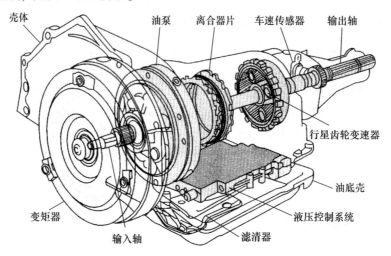

图 4-25 自动变速器的结构

1）液力变矩器

液力变矩器使发动机产生的转矩成倍增长，并同时具有自动离合器的作用，传送发动机转矩至变速器；能缓冲发动机及传动系的扭转振动，兼有飞轮的作用，使发动机转动平稳；同时，液力变矩器还驱动液压控制系统的油泵。

2）行星齿轮变速器

行星齿轮变速器由 2～3 排行星齿轮机构组成，不同的运动状态组合可得到 2～5 种速比，其功用主要是在液力变矩器的基础上再将转矩增大 2～4 倍，以提高汽车的行驶适应能力，并实现倒挡传动。

3）液压控制系统

液压控制系统由自动变速器油泵、控制阀、伺服装置、蓄能器、制动器和离合器等组成。其作用是：根据驾驶员的意图和工作情况的需要，利用液压使离合器和制动器在一定条件下，并在单向离合器的配合下，使行星齿轮机构实现自动换挡。

4）冷却滤油装置

自动变速器冷却装置和发动机散热器装在一起，它由冷却器、输油管和回油管组成。滤清器有滤网、毛毡和纸质三种，装在控制阀的下面。

5）电子控制系统

电子控制系统将自动变速器的各种控制信号输入电子控制单元（ECU），经 ECU 处理后发出控制指令，控制液压系统中的各种电磁阀实现自动换挡，并且使用性能得到改善。

一、技能学习

1. 自动变速器总成的拆装

（1）拆掉发动机盖。

（2）拆下蓄电池。

（3）断开线束。拆掉螺栓并断开线束。

（4）断开接头。

a. 断开电磁阀线束接头。

b. 断开停车/空挡位置开关接头。

c. 断开自动变速器转速传感器的接头。

（5）拆掉自动变速器注油管分总成。

a. 拆掉 ATF 油尺。

b. 拆去两个螺栓、机油冷却管夹子和注油管。

c. 从注油管上拆去 O 形圈。

（6）拆下前轮。

（7）拆下发动机下护板。

（8）拆去前部排气管组件。

（9）放出自动变速器油。

a. 拆掉油塞、垫圈并放出 ATF。

b. 安装新的垫圈和油塞。

注意：扭矩为 25 N·m。

（10）拆下左侧前桥轮毂螺母。

（11）拆下右侧前桥轮毂螺母。

（12）断开左侧车速传感器。

（13）断开右侧车速传感器。

（14）分离前部平衡杆。

（15）分离左侧球头拉杆。

（16）分离右侧球头拉杆。

（17）分离左前 1 号下悬臂。

（18）分离右前 1 号下悬臂。

（19）拆去左前桥。

（20）拆去右前桥。

（21）拆去左前驱动轴。

（22）拆去右前驱动轴。

（23）脱开自动变速器控制线束（见图 4-26）。

a. 拆下夹子，并从控制拉线支架上拆下自动变速器控制拉线。

b. 从控制轴杆上拆掉螺栓。

c. 从控制轴杆上脱开控制拉线。

（24）拆掉控制拉线支架。

如图 4-27 所示，拆掉两个螺栓和自动变速器控制拉线支架。

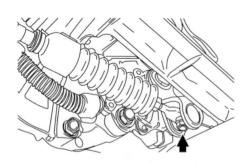

图 4-26 脱开自动变速器控制线束

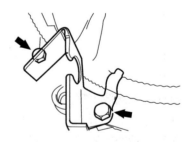

图 4-27 拆掉控制拉线支架

（25）断开机油冷却软管（见图 4-28）。

a. 用夹钳夹紧夹子端头脱开机油冷却管（进油）。

b. 用夹钳夹紧夹子端头脱开机油冷却管（出油）。

（26）吊起发动机总成。

a. 按正确方向用螺栓安装发动机 1 号吊钩。

b. 把起重葫芦条连接到发动机吊钩上。

注意：不要试图通过钩住其他部位吊起发动机。

(27) 拆下起动机总成。

a. 拆掉螺母并脱开起动机线束。

b. 断开接头。

c. 拆掉 2 个螺栓和起动机总成。

(28) 支撑自动变速器总成。

用自动变速器举升架支撑自动变速器总成。

(29) 分离发动机安装架垫。

如图 4-29 所示，从发动机左侧隔离垫上拆下 2 个螺栓和安装架。

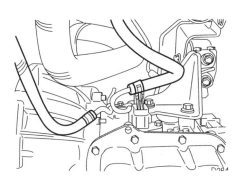

图 4-28　断开机油冷却软管

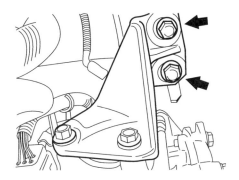

图 4-29　分离发动机安装架垫

(30) 分离横向发动机安装隔离垫。

a. 如图 4-30 所示，从发动机右后支架拆下螺栓和隔离垫。

b. 如图 4-31 所示，拆掉螺栓和 2 个螺母并脱开发动机右后隔离垫和前悬架横梁；用自动变速器举升架，支撑前悬架横梁。

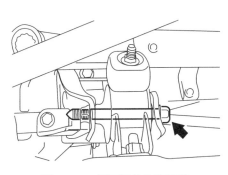

图 4-30　拆下螺栓和隔离垫

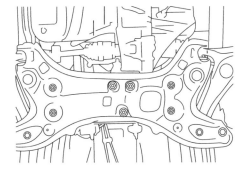

图 4-31　拆掉螺栓和 2 个螺母

c. 如图 4-32 所示，拆掉 2 个螺栓和前悬架加强构件，在另一侧完成相同的步骤。

d. 如图 4-33 所示，拆下 4 个螺栓和前悬架横梁。

e. 如图 4-34、图 4-35 所示，拆下 2 个螺栓并断开前悬架横梁。

(31) 拆下自动变速器总成。

a. 如图 4-36 所示，先拆掉孔塞，然后用扳手保持住曲轴皮带轮螺栓，转动曲轴，逐个拆除 6 个螺栓。

b. 如图 4-37 所示，先拆掉 7 个螺栓，然后从发动机上拆下自动变速器。

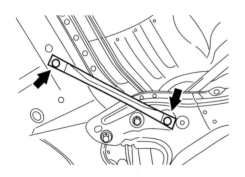

图4-32 拆掉2个螺栓和前悬架加强构件

图4-33 拆下4个螺栓和前悬架横梁

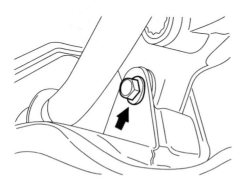

图4-34 拆下前悬架螺栓

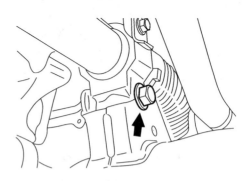

图4-35 拆下前悬架螺栓

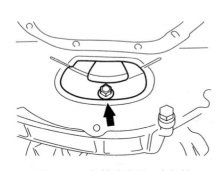

图4-36 拆掉孔塞和6个螺栓

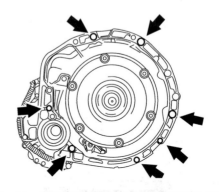

图4-37 拆掉发动机上的连接螺栓和自动变速器

(32) 拆掉发动机横向支架。

如图4-38所示,从发动机右后支架上,拆掉3个螺栓。

(33) 拆掉发动机横向支架。

如图4-39所示,从自动变速器上拆下3个螺栓和发动机左支架。

(34) 脱开自动变速器油冷却器进油管。

如图4-40所示,先拆掉螺栓和自动变速器油冷却管夹子,然后脱开自动变速器油冷却器进油管组件。

(35) 断开自动变速器油冷却器出油管1号分总成。

(36) 拆下液力变矩器。

(37) 检查液力变矩器。

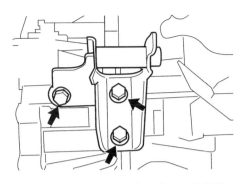

图 4-38 拆卸发动机右后支架上的螺栓

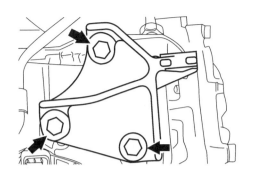

图 4-39 拆卸自动变速器上的
3 个螺栓和发动机左支架

（38）安装液力变矩器。

（39）连接机油冷却器出油管 1 号分总成。

如图 4-41 所示，拧紧机油冷却管出油管 1 号分总成。

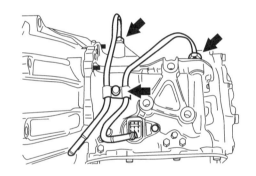

图 4-40 拆掉螺栓和自动变速器油冷却管夹子

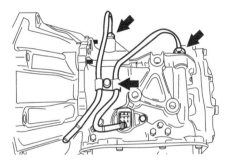

图 4-41 拧紧机油冷却管出油管的螺栓

（40）连接机油冷却器进油管 1 号分总成。

a. 拧紧机油冷却器进油管 1 号分总成。

注意：扭矩为 34 N·m。

b. 安装螺栓和机油冷却管夹子。

注意：扭矩为 8.4 N·m。

（41）安装发动机左侧支架。

如图 4-42 所示，用 3 个螺栓把发动机左侧支架安装到自动变速器上。

注意：扭矩为 64 N·m。

（42）安装发动机右后支架。

如图 4-43 所示，用 3 个螺栓把发动机右后支架安装到自动变速器上。

（43）安装自动变速器总成。

a. 如图 4-44 所示，用 7 个螺栓把自动变速器安装到发动机上。

注意：螺栓 A 的扭矩为 64 N·m；螺栓 B 的扭矩为 46 N·m；螺栓 C 的扭矩为 24 N·m。

b. 如图 4-45 所示，安装 6 个螺栓和变矩器紧固螺栓。

注意：扭矩为 28 N·m。

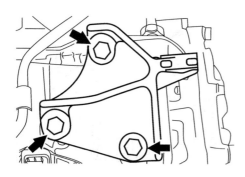

图4-42 安装发动机左侧支架

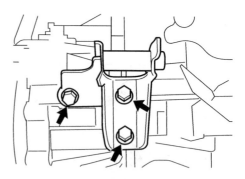

图4-43 安装发动机右后支架

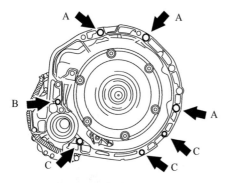

图4-44 拧紧发动机和自动变速器的连接螺栓

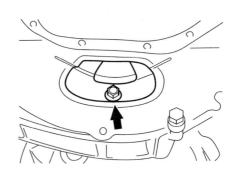

图4-45 安装6个螺栓和变矩器紧固螺栓

（44）安装发动机横向隔离垫。

a. 如图4-46所示，用4个螺栓安装前悬架横梁。

注意：螺栓A的扭矩为116 N·m；螺栓B的扭矩为70 N·m。

b. 如图4-47所示，用螺栓把发动机右后隔离垫安装到发动机右后支撑架上。

注意：扭矩为64 N·m。

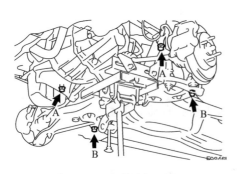

图4-46 安装前悬架横梁

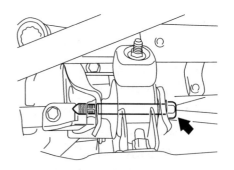

图4-47 安装发动机右后隔离垫与发动机右后支撑架上的连接螺栓

c. 如图4-48所示，用螺栓和2个螺母连接发动机右后隔离垫和前悬架横梁。

注意：扭矩为52 N·m。

d. 如图4-49所示，用2个螺栓安装前悬架支撑加强装置，在另一侧进行相同步骤的操作。

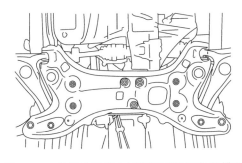

图4-48 连接发动机右后隔离垫和前悬架横梁

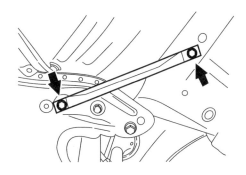

图4-49 安装前悬架支撑加强装置

注意：扭矩为47 N·m。

e. 如图4-50、图4-51所示，用2个螺栓连接前悬架支架。

注意：扭矩为127 N·m。

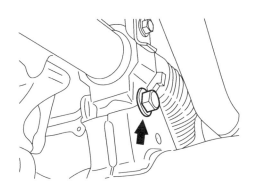

图4-50 安装前悬架支架

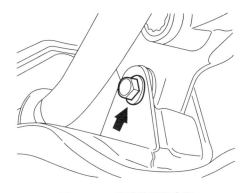

图4-51 安装前悬架支架

（45）连接发动机横向支架。

如图4-52所示，用2个螺栓把发动机左支架安装在发动机左隔离垫上。

注意：扭矩为49 N·m。

（46）安装起动机总成。

a. 用2个螺栓安装起动机。

注意：扭矩为37 N·m。

b. 连接接头。

c. 用螺母安装起动机线束。

注意：扭矩为9.8 N·m。

（47）连接自动变速器油冷却管软管（见图4-53）。

a. 用夹钳夹紧夹子的端部滑动夹子连接油冷却器软管（进油口）。

b. 用夹钳夹紧夹子的端部滑动夹子连接油冷却器软管（出油口）。

（48）安装左前驱动轴。

（49）安装右前驱动轴。

（50）安装左驱动轴组件。

（51）安装右驱动轴组件。

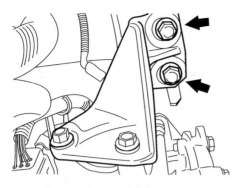

图4-52 把发动机左支架安装在发动机左隔离垫上

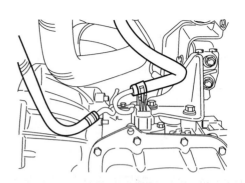

图4-53 连接自动变速器油冷却管软管

（52）连接左前下悬架臂。
（53）连接右前下悬架臂。
（54）连接左侧球头拉杆。
（55）连接右侧球头拉杆。
（56）连接前稳定杆。
（57）连接左前速度传感器。
（58）连接右前速度传感器。
（59）安装左前轴轮毂螺母。
（60）安装右前轴轮毂螺母。
（61）安装排气管前部组件。
（62）安装发动机下护板。
（63）安装前轮。

注意：扭矩为103 N·m。

（64）安装注油管分总成（见图4-54）。

图4-54 安装注油管分总成

a. 涂抹ATF在O形圈上，安装到注油管上。
b. 用2个螺栓把注油管安装到自动变速器上。

注意：扭矩为8.4 N·m。

（65）连接接头。
a. 连接电磁阀接头。
b. 连接停车/空挡位置开关接头。
c. 连接自动变速器转速传感器接头。
（66）连接线束。
（67）安装自动变速器控制拉线1号支架。
用2个螺栓安装控制拉线1号支架。

注意：扭矩为12 N·m。

（68）连接自动变速器控制拉线总成。
a. 在控制轴杆上临时安装螺栓和控制拉线。

注意：扭矩为8.4 N·m。

b. 在支架上连接控制拉线和新的夹子。

（69）安装蓄电池。

（70）安装发动机盖。

（71）检查并调整发动机盖。

（72）加注自动变速器油。

（73）检查自动变速器油。

（74）检查并调整换挡杆的位置。

（75）检查并调整前轮定位。

（76）检查 ABS 速度传感器信号。

（77）检查诊断系统。

2. 自动变速器的维护

1）自动变速器油油面高度和油质的检查

（1）油面高度的检查。

a. 将汽车停放在水平路面上，并拉紧驻车制动。

b. 发动机怠速运转一段时间，使变速器油温度达到 70 ℃ ~ 80 ℃。

c. 踩住制动踏板，将变速杆分别拨至 P、R、N、D、2、L 等位置，并在每个挡位上停留几秒钟，使液力变速器和所有换挡元件中都充满自动变速器油，最后再将变速器拨至停车挡"P"位置。

d. 如图 4-55 所示，拔出油尺并擦干净，将擦干后的油尺全部插入加油管后再拔出，检查油面高度。自动变速器油面应位于油尺两刻线之间。

e. 如果油面高度过低，应继续向加油管内加入自动变速器油，直至油面高度符合规定为止。

（2）自动变速器油质的检查。

自动变速器油质的检查方法是：将油尺上的自动变速器油滴在干净的白纸上，检查自动变速器油的颜色及气味。正常的自动变速器油颜色一般为粉红色，且无异味。如自动变速器油呈褐色或有焦味等，说明油已变质。表 4-3 所示为自动变速器油变质的现象特征及变质原因。

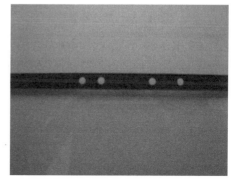

图 4-55 自动变速器油油位

表 4-3 自动变速器油变质的现象特征及变质原因

变质的现象特征	变质的原因
极深的暗红色或褐色	重负荷或未按期换油，引起变矩器过热
颜色清淡，充满气泡	油面过高，油被搅动产生气泡 内部密封不严，油液中混入空气或被水污染
油液中有黑色固体残渣，且有烧焦味	制动器或离合器烧损 轴承磨损 金属磨蚀的粉末等
似油膏盖在油尺上	自动变速器过热 自动变速器油超期使用 油面过低

2）自动变速器各区域的渗漏情况的检查

将车辆升至高位，检查下列部位是否有渗漏。

（1）油底壳密封垫的位置。

（2）自动变速器前后油封及前后端盖。

（3）差速器、油压伺服器密封圈位置。

（4）放油螺塞位置。

（5）冷却软管及相关管件的连接处。

3）自动变速器油的更换

（1）放油前，先将自动变速器预热到工作温度，以便降低油的黏度，确保油内杂质全部沉淀物随油一起排出来。

（2）将车辆升至高位，如图4-56所示，拆下变速器油底壳上的放油螺塞，将油放净。

图4-56 放油螺塞

（3）拆下自动变速器散热器油管接头，用压缩空气将散热器中的残余油液吹出。

（4）装好管接头、油底壳和放油螺塞等。

（5）将车辆降至低位，从加油管中加入规定牌号的自动变速器油（各自动变速器对所使用的自动变速器油牌号均有严格的规定，不可乱用）。

（6）起动发动机，将变速杆从"P"位换到所有挡位后，再换回"P"位，检查自动变速器油面高度，应位于"COOL"的范围内。

（7）使发动机和自动变速器达到正常工作温度（70 ℃~80 ℃）时，再次检查油面高度，应位于"HOT"范围内。

（8）如果加油时不慎使油面高于规定的高度，应放掉一些，切不可凑合使用。

二、任务实施与考核

（1）学生对自动变速器进行拆装和维护，在充分掌握上述知识与技能的前提下，完成工作单。

（2）教师在指导过程中，根据完成的情况完成考核表（见表4-4）。

表4-4 教师考核记录表

实训项目：__自动变速器的拆装与维护__

班级学号		姓名		
项目	必要的记录		分值	评分
工作着装、工作安全、卫生情况			10	
自动变速器的拆装			15	
自动变速器油油位的检查			10	
自动变速器渗漏的检查			10	
自动变速器油的更换			15	
工具的选用			10	

续表

班级学号		姓名	
项目	必要的记录	分值	评分
工作单的填写情况		30（工作单成绩折算）	
总分			

老师签字：
_____年___月___日

任务 4-4　万向传动装置的拆装与维护

1. 能够正确描述传动轴和万向节的功用、类型；
2. 能够正确描述传动轴和万向节的构造；
3. 能够掌握万向传动装置的拆装；
4. 能够掌握万向传动装置的维护。

万向传动装置的拆装与维护包括万向传动装置的拆装和万向传动装置的维护。其主要内容有等速万向节的更换、驱动轴护套的检查等。

一、万向传动装置的功用和组成

1. 功用

汽车在行驶过程中，由于悬架受路面冲击而产生振动，使变速器的输出轴与驱动轮之间的相对位置会经常发生变化。因而变速器的主动输出轴与驱动轮之间不能通过刚性件传动，而必须采用万向传动装置。

万向传动装置在汽车上有很多应用，结构也稍有不同，但其功用都是一样的，即在轴线相交且相互位置经常发生变化的两转轴之间传递动力。

如图 4-57 所示为万向传动装置在汽车中最常见的布置，位于变速器与驱动桥之间。

2. 组成

万向传动装置主要包括万向节和传动轴，对于传动距离较远的分段式传动轴，为了提高传动轴的刚度，还设置有中间支承，如图 4-58 所示。

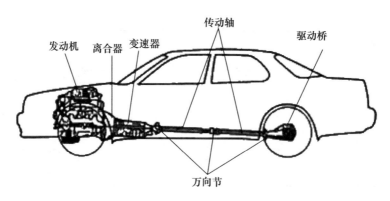

图 4-57 万向传动装置的位置

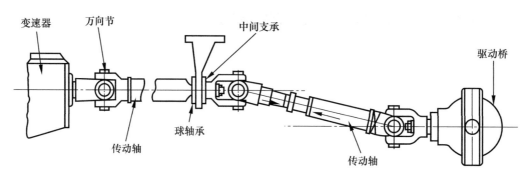

图 4-58 万向传动装置的组成

二、万向传动装置主要部件的结构

1. 万向节

万向节是在轴间夹角及相互位置不断变化的两转轴之间传递动力。按其扭转方向上是否有明显的弹性分类，可分为刚性万向节和挠性万向节。

刚性万向节按速度特性又可以分为不等速万向节（常用的为十字轴式）、准等角速万向节（双联式和三销轴式）和等角速万向节（包括球叉式和球笼式）。目前在汽车上应用较多的是十字轴式刚性万向节和等角速万向节。

十字轴式刚性万向节主要用于发动机前置、后轮驱动的变速器与驱动桥之间，等角速万向节主要用于发动机前置、前轮驱动的内、外半轴之间。

1）十字轴式刚性万向节的结构

十字轴式刚性万向节的结构如图 4-59 所示，它允许相邻两轴的最大交角为 15°~20°。

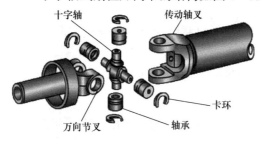

图 4-59 十字轴式刚性万向节的结构

十字轴式刚性万向节主要由十字轴、万向节叉及轴承等组成。两个万向节叉分别与主、从动轴相连，万向节叉上的孔分别套在十字轴的两对轴颈上，当主动轴转动时，从动轴随之转动并绕十字轴中心在任意方向上摆动。在十字轴轴颈与万向节叉孔之间装有滚针轴承（滚针和套筒），并用带有锁片的螺钉和轴承盖进行轴向定位。为了润滑轴承，十字轴内钻有油道，且与油嘴、安全阀相通。为避免润滑油流出及尘垢进入轴承，十字轴轴颈的内端有油封。安全阀的作用是当十字轴内腔润滑脂压力超过允许值时，将阀打开使润滑脂外溢，使油封不会因油压过高而损坏。

2）球笼式万向节的结构

现代轿车的传动形式为前轮前驱，通常采用外万向节（也叫 RF 型万向节）、内万向节（也叫 VL 型万向节）进行动力传动，如图 4-60 所示。

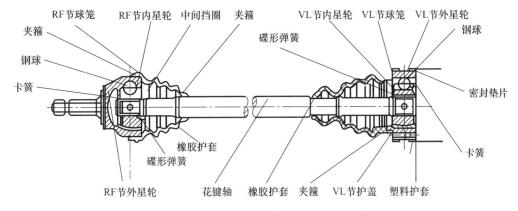

图 4-60 等速万向节传动装置传动轴总成

内万向节连接位于变速器内的主减速器或差速器，用螺栓与差速器传动轴凸缘相连接，传递主减速器和差速器输出的转矩，并通过传动轴传给万向节。外万向节连接前轮轮毂，驱动汽车行驶。

（1）外万向节。

如图 4-61 所示，外万向节即 RF 型万向节，是轴向不可伸缩的万向节。它是由 6 个钢球、星形套、球形套和保持架等组成。万向节星形套与主动轴用花键固接在一起，星形套外表面有 6 条弧形凹槽滚道，球形壳的内表面有相应的 6 条凹槽，6 个钢球分别装在各条凹槽中，由球笼使其保持在同一平面内。动力由主动轴、钢球、球形壳输出。

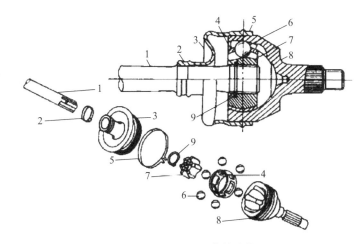

图 4-61 外万向节的结构

1—主动轴；2，5—钢带箍；3—外罩；4—保持架（球笼）；6—钢球；7—星形套（内滚道）；8—球形壳（外滚道）；9—卡环

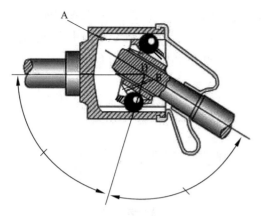

图 4-62 伸缩型球笼式万向节

(2) 内万向节。

内万向节即 VL 型万向节,其结构和外万向节相似,如图 4-62 所示。它用螺栓与差速器传动轴凸缘相连接,是轴向伸缩型等速万向节,可补偿前轮跳动时轴向长度的变化。由于 VL 型等速万向节是通过钢球传递转矩的,所以在星形套(内滚道)轴向移动时为滚动摩擦,阻力较小。

2. 传动轴

传动轴是万向传动装置中的主要传力。通常用来连接变速器(或分动器)和驱动桥,在转向驱动桥和断开式驱动桥中,则用来连接差速器和驱动车轮。传动轴的构造如图 4-63 所示。

3. 中间支承

传动轴分段时需加中间支承,中间支承通常装在车架横梁上,能补偿传动轴轴向和角度方向的安装误差,以及汽车行驶过程中因发动机窜动或车架变形等引起的位移。中间支承的结构如图 4-64 所示,它是由支架和轴承等组成的。

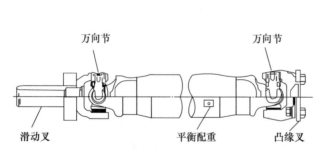

图 4-63 传动轴的构造

图 4-64 中间支承的结构

一、技能学习

1. 万向传动装置的拆装

1) 传动轴(半轴)总成的拆卸

(1) 在车轮着地时,旋下轮毂的紧固螺母。

(2) 旋下传动轴凸缘上的紧固螺栓(如图 4-65 中箭头所示),将传动轴与凸缘分开。

(3) 从车轮轴承壳内拉出传动轴,或利用 V. A. G1389 压力装置拉出传动轴。

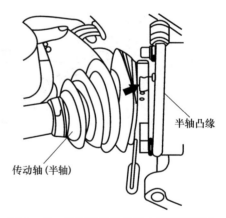

图 4-65 旋下传动轴凸缘上的紧固螺栓

注意：拆卸传动轴时轮毂绝对不能加热，否则会损坏车轮轴承，原则上应使用拉具。其次，拆掉传动轴后，应装上一根连接轴来代替传动轴，防止移动卸掉传动轴的车辆时，损坏前轮轴承总成。

2）万向节的分解

（1）用钢锯将等速万向联轴器金属环锯开（如图 4-66 中箭头所指），拆卸防尘罩。

（2）用一把轻金属锤子用力从传动轴上敲下万向节外圈（见图 4-67）。

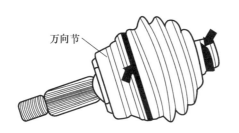

图 4-66 将等速万向联轴器金属环锯开

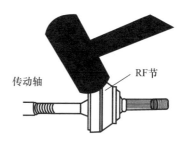

图 4-67 敲下万向节外圈

（3）拆卸弹簧锁环（见图 4-68）。

（4）压出万向节内圈（见图 4-69）。

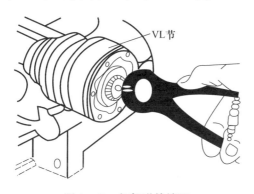

图 4-68 拆卸弹簧锁环

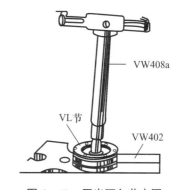

图 4-69 压出万向节内圈

（5）分解外等速万向节。

a. 拆散之前用电蚀笔或油石在钢球球笼和外星轮上标出内星轮的位置。

b. 如图 4-70 所示，旋转内星轮与球笼，依次取出钢球。

c. 用力转动钢球笼直至两个方孔（如图 4-71 中箭头所示）与外星轮对齐，连外星轮一起拆下球笼。

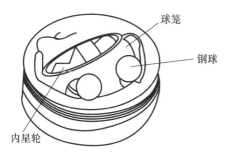

图 4-70 分解外等速万向节（一）

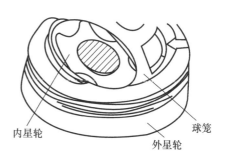

图 4-71 分解外等速万向节（二）

d. 如图 4-72 所示，把内星轮上扇形齿旋入球笼的方孔，然后从球笼中取下内星轮。

(6) 分解内等速万向节。

a. 转动内星轮与球笼，按图 4-73 中箭头所示方向压出球笼里的钢球。

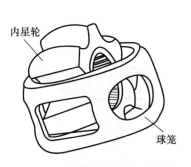

图 4-72 分解外等速万向节（三）

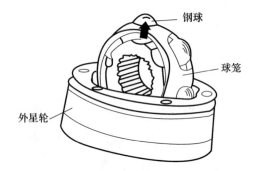

图 4-73 分解内等速万向节（一）

b. 内星轮与外星轮一起选配，不能互换。

c. 从球槽上面（如图 4-74 中箭头所示）取出球笼里的内星轮。

3）万向节的组装

(1) 组装内万向节。

a. 对准凹槽将内星轮嵌入球笼，内星轮在球笼内的位置无关紧要。

b. 如图 4-75 所示，将钢球压入球笼，并注入润滑脂。

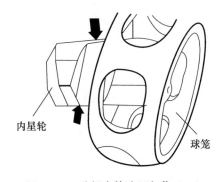

图 4-74 分解内等速万向节（二）

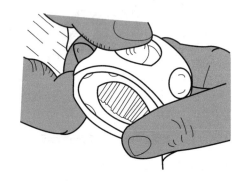

图 4-75 组装内万向节（一）

c. 将带钢球与球笼的外星轮垂直装入壳体。如图 4-76 所示，安装时应注意旋转之后，外星轮上的宽间隔 a 应对准内星轮上的窄间隔 b，转动球笼，嵌入到位。内星轮内径（花键齿）上的倒角必须对准外星轮的大直径端。

d. 扭转内星轮，这样内星轮就能转出球笼（如图 4-77 中箭头所示），使钢球在与壳体中的球槽相配合有足够的间隙。

e. 用力撅压球笼（如图 4-78 中箭头所示），使装有钢球的内星轮完全转入外星轮内。

f. 用手能将内星轮在轴向范围内来回推动，应灵活。

(2) 组装外万向节。

a. 用汽油清洗各部件，将 G—6 润滑脂总量的一半（45 g）注入万向节内。

b. 将球箱连同内星轮一起装入外星轮。

c. 对角交替地压入钢球，必须保持内星轮在球笼以及外星轮内的原先位置。

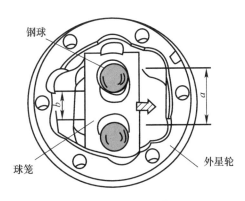

图 4-76 组装内万向节（二）

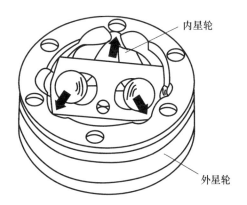

图 4-77 组装内万向节（三）

d. 将弹簧锁环装入内星轮，将剩余的润滑脂压入万向节。

e. 用手将内星轮在轴向范围内来回推动，检查安装是否正确。

4）万向节与传动轴的组装

(1) 如图 4-79 所示，在传动轴上安装防护罩，正确安装碟形座圈。

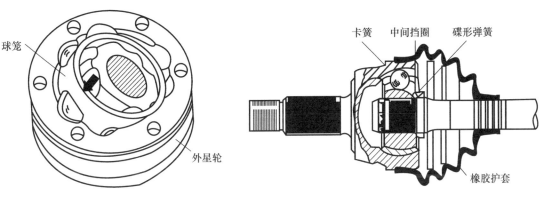

图 4-78 组装内万向节（四）　　　　图 4-79 万向节与传动轴的组装（一）

(2) 把万向节压入传动轴。如图 4-80 所示，使碟形座圈贴合，内星轮内径（花键齿）上的倒角必须面向传动轴靠肩。

(3) 安装弹簧锁环，装上外万向节。

(4) 在万向节上安装防尘罩时，防尘罩经常受到挤压，因而在防尘罩内部产生一定真空，它在车辆行驶中会产生一个内吸的折痕（如图 4-81 中箭头所示）。因此在安装防尘罩小口径之后，要稍微充点气，使得压力平衡，不产生褶皱。

(5) 用夹箍夹住防尘罩（见图 4-82）。

5）传动轴（半轴）总成的安装

(1) 如图 4-83 所示，在等速万向节的花键涂上一圈 5 mm 的防护剂 D6，然后装上传动轴花键套。涂防护剂 D6 后的传动轴装车后应停车 60 min 之后才可使用汽车。

(2) 如图 4-84 所示，将球销接头重新装配在原位置，并拧紧螺母。在安装球销接头时，不能损坏波纹管护套。

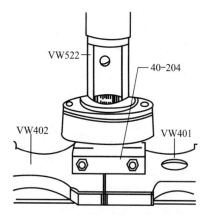

图 4-80 万向节与传动轴的组装（二）

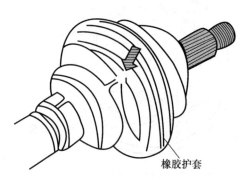

图 4-81 万向节与传动轴的组装（三）

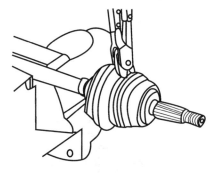

图 4-82 万向节与传动轴的组装（四）

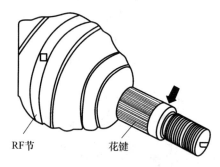

图 4-83 传动轴（半轴）总成的安装（一）

（3）必要时检查前轮外倾角。

（4）车轮着地后，拧紧轮毂固定螺母。

2. 万向传动装置的维护

（1）检查护套裂纹和护套卡箍，如图 4-85 所示。

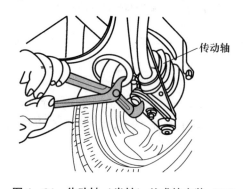

图 4-84 传动轴（半轴）总成的安装（二）

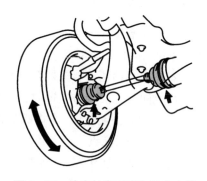

图 4-85 检查护套裂纹和护套卡箍

（2）检查护套是否有任何油脂渗漏。

二、任务实施与考核

（1）学生对万向传动装置进行拆装，在充分掌握上述知识与技能的前提下，完成工作单。

（2）教师在指导过程中，根据完成的情况完成考核表（见表 4-5）。

表 4-5　教师考核记录表

实训项目：　万向传动装置的拆装与维护　

班级学号		姓名		
项目	必要的记录		分值	评分
工作着装、工作安全、卫生情况			10	
传动轴总成的拆装			20	
万向节的分解			10	
万向节的组装			10	
驱动轴护套的检查			10	
工具的选用			10	
工作单的填写情况			30（工作单成绩折算）	
总分				
			老师签字： 　　　　年　　月　　日	

任务 4-5　主减速器和差速器的拆装

1. 能够正确描述主减速器的作用与分类；
2. 能够正确描述差速器的作用与分类；
3. 能够正确描述主减速器和差速器的结构；
4. 能够熟练拆装主减速器的主要部件；
5. 能够熟练拆装差速器的主要部件。

主减速器和差速器的拆装包括主动锥齿轮和从动锥齿轮总成的更换、半轴齿轮和行星齿轮的更换。

一、主减速器的功用

主减速器又称主传动器，其作用是降低传动轴传来的转速、增大输出转矩，并改变转矩旋转方向（有些横置布置发动机除外），使传动轴的左右旋转变为半轴的前后旋转。

二、主减速器的分类

根据不同的使用要求，主减速器的结构形式也有所不同。

（1）按主减速器减速传动的齿轮副的级数，可分单级式主减速器和双级式主减速器，在双级式主减速器中，若第二级减速器齿轮有两副，并分置于两侧车轮附近，实际上成为独立部件，则称为轮边减速器。

(2) 按主减速器传动比的挡数,可分为单速式主减速器和双速式主减速器。

(3) 按主减速器齿轮副结构形式,可分为圆柱齿轮式(分为定轴式和行星齿轮式)和圆锥齿轮式(分为螺旋锥齿轮式和双曲面锥齿轮式)。

三、差速器的功用

差速器的功用是将主减速器传来的动力传给左、右两半轴或前、后两驱动桥,并在必要时允许同一驱动桥的左、右车轮或两驱动桥之间以不同角速度旋转,以满足两侧驱动轮或两驱动桥之间差速的需要,从而保证驱动车轮相对地面滚动而不滑动。

四、差速器的分类

差速器按其功能可分为轮间差速器和轴间差速器。装在同一驱动桥两侧驱动轮之间的差速器称为轮间差速器;在多轴驱动汽车的驱动桥之间装有的差速器称为轴间差速器。

无论是轴间差速器还是轮间差速器,按其工作特性都可分为普通齿轮式差速器和防滑差速器两大类。防滑差速器常见的有强制锁止差速器、高摩擦自锁差速器和托森差速器。

五、主减速器和差速器的结构

主减速器和差速器的分解如图4-86所示。两轴式手动变速器输出轴上的锥齿轮即为主减速器的主动锥齿轮,主减速器为单级式,主减速齿轮是一对螺旋伞齿轮,齿面为准双曲面。差速器为行星齿轮式,车速表驱动齿轮安装于差速器壳体上。

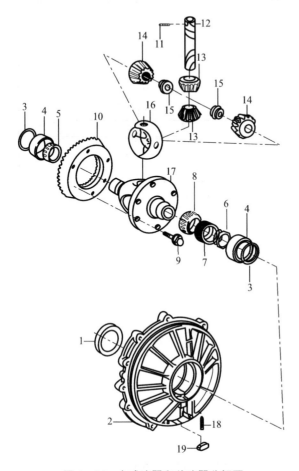

图4-86 主减速器和差速器分解图

1—密封圈;2—主减速器盖;3—从动锥齿轮的调整垫片;4—轴承外圈;5—差速器轴承;6—锁紧套筒;7—车速表主动齿轮;8—差速器轴承;9—螺栓(拧紧力矩为70 N·m);10—从动锥齿轮;11—夹紧销;12—行星齿轮轴;13—行星齿轮;14—半轴齿轮;15—螺纹管;16—复合式止推垫片;17—差速器壳;18—磁铁固定销;19—磁铁

任务实施与考核

一、技能学习

1. 主动锥齿轮和从动锥齿轮总成的更换

1) 主动锥齿轮和从动锥齿轮总成的拆卸

(1) 拆卸变速器,将其固定在支架上,拆下轴承支座和后盖。

（2）取下车速里程表的传感器，如图4-87所示。

（3）锁住传动轴（半轴），拆下紧固螺栓，如图4-88所示，取下传动轴。

 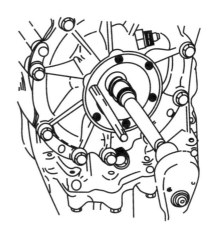

图4-87 取下车速里程表传感器　　　　图4-88 拆卸紧固螺栓

（4）取下车速里程表的主动齿轮导向器和齿轮。

（5）拆下主减速器盖，如图4-89所示，从变速器壳体上取下差速器。

（6）用铝质的夹具将差速器壳固定在台虎钳上，拆下从动齿轮的紧固螺栓。从动锥齿轮的紧固螺栓是自动锁紧的，一经拆卸就必须更换。

（7）取下从动锥齿轮，如图4-90所示。

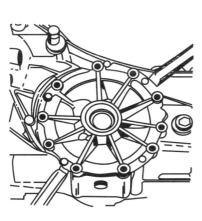 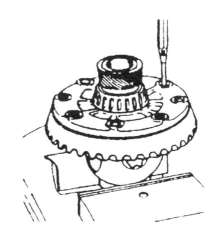

图4-89 拆下主减速器盖　　　　图4-90 拆卸从动锥齿轮

（8）拆下并分解变速器输出轴。仔细检查所有零件，尤其是同步器环和齿轮，对于损坏和磨损的，应进行更换。

2）主动锥齿轮和从动锥齿轮总成的安装

（1）在变速器输出轴上装上所有齿轮、轴承及同步器，计算输出轴调整垫片的厚度。

（2）如图4-91所示，用100℃的温度给从动锥齿轮加热，并将其装在差速器壳上，安装时用两个螺纹销做导向。

（3）装上新的从动锥齿轮螺栓，并用70 N·m的力矩交替旋紧。

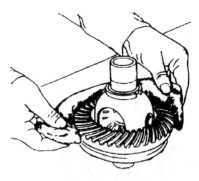

图 4-91 安装从动锥齿轮

(4) 计算从动齿轮两处调整垫片的厚度,把计算好的垫片装在适当的位置上。

(5) 将轴承支座装在变速器壳体上,并使用新的衬垫;装上变速器后盖。

(6) 将差速器装在变速器壳体上;将主减速器盖装在壳体上,用 25 N·m 的力矩旋紧螺栓。

(7) 装上车速里程表的主动齿轮和导向器;装上车速里程表的传感器。

(8) 装上半轴凸缘中的一个,用凿子将它锁住,装上螺栓,用 20 N·m 的力矩把它旋紧;装另一个半轴凸缘。

9) 加注齿轮油并装上变速器。

2. 半轴齿轮和行星齿轮的更换

1) 半轴齿轮和行星齿轮的拆卸

(1) 拆卸变速器,拆下差速器,拆下从动锥齿轮。

(2) 拆下行星齿轮轴的夹紧套筒,如图 4-92 所示。

(3) 取下行星齿轮轴,再取下行星齿轮和半轴齿轮。

2) 半轴齿轮和行星齿轮的安装

在安装之前,检查复合式止推垫片是否损坏,如损坏应进行更换。

(1) 通过半轴凸缘将半轴齿轮固定在差速器壳上,如图 4-93 所示。

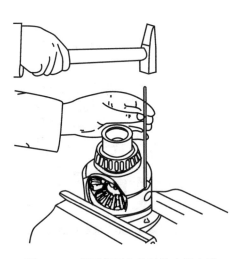

图 4-92 拆下行星齿轮轴的夹紧套筒

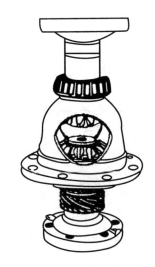

图 4-93 安装半轴齿轮

(2) 将行星齿轮放在适当的位置上,接着转动半轴凸缘使行星齿轮进入差速器壳,如图 4-94 所示。

(3) 装上行星齿轮轴,如图 4-95 所示;在行星齿轮轴上装夹紧销。

(4) 取下差速器半轴凸缘;用 100 ℃的温度加热,将从动锥齿轮装在差速器壳上。

(5) 将差速器装在变速器壳体内;装上半轴凸缘。

(6) 装上变速器。

图 4-94　安装行星齿轮

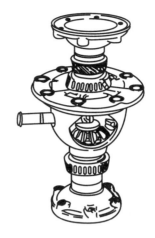

图 4-95　安装行星齿轮轴

二、任务实施与考核

（1）学生对主减速器和差速器进行拆装，在充分掌握上述知识与技能的前提下，完成工作单。

（2）教师在指导过程中，根据完成的情况完成考核表（见表4-6）。

表 4-6　教师考核记录表

实训项目：　主减速器和差速器的拆装

班级学号		姓名		
项目	必要的记录		分值	评分
工作着装、工作安全、卫生情况			10	
主减速器的拆装			20	
差速器的拆装			25	
工具的选用			15	
工作单的填写情况			30（工作单成绩折算）	
总分				
			老师签字： 　　　　年　　月　　日	

任务 4-6　行驶系统的拆装与维护

1. 能够正确描述行驶系统的功用与分类；
2. 能够正确描述行驶系统各组成件的组成及功用；
3. 能够熟练拆装行驶系统各组成件；
4. 能够熟练检查轮胎；

5. 能够熟练检查汽车悬架系统。

行驶系统的拆装与维护包括行驶系统的拆装和行驶系统的维护。行驶系统的拆装包括前桥及前悬架的拆装、传动轴总成的拆装、后桥及后悬架的拆装、车轮总成的拆装；行驶系统的维护包括车身螺栓的检查与紧固、轮胎的检查、汽车悬架的维护。

一、汽车行驶系统的功用

汽车行驶系统的功用是接受发动机经传动系统传来的转矩，并通过驱动轮与路面间附着作用，产生路面对汽车的牵引力，以保证整车正常行驶；支承全车，传递并承受路面作用于车轮上的各向反力及其形成的力矩；尽可能缓和不平路面对车身造成的各种冲击，并衰减其振动，保证汽车平顺行驶，并且与汽车转向系统协调配合工作，实现汽车行驶方向的正确控制，以保证汽车操纵稳定性。

二、汽车行驶系统的组成

汽车行驶系统的结构如图 4-96 所示，一般由车架、车桥、车轮和悬架组成。

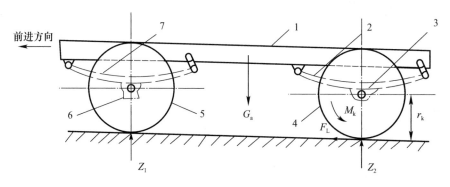

图 4-96 汽车行驶系统的组成及受力情况
1—车架；2—后悬架；3—驱动桥；4—后轮；5—前轮；6—从动桥；7—前悬架

1. 车架的功用

车架的功用是连接、支承汽车各种零部件、总成，承受车内、外各种载荷。因此车架是一个形状复杂、强度和刚度要求较高的刚性结构。

2. 车轮的功用

车轮与轮胎是汽车行驶系统的重要部件，其主要功用如下：

（1）承载整车重量。

（2）缓和吸收汽车行驶时由路面传递来的各种冲击载荷。

（3）保证轮胎与路面有良好附着性能，提高汽车的驱动力和制动力。

（4）产生侧向力来平衡汽车转向离心力，以便顺利转向，并通过轮胎产生的自动回正力矩，保证车轮具有良好的直线行驶能力。

车轮总成主要包括车轮和轮胎两大部分，除此之外还有装饰罩、平衡块等附属装置，如图4-97所示。车轮的结构、组成如图4-98所示，主要包括轮毂、轮辐和轮辋等。

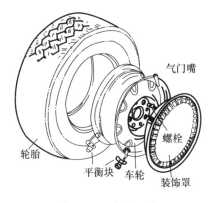

图4-97 车轮总成

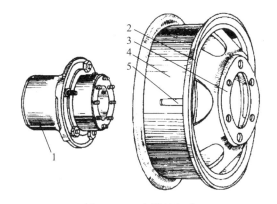

图4-98 车轮的组成

1—轮毂；2—挡圈；3—轮辐；4—轮辋；5—气门嘴出口

3. 悬架的功用和组成

1）悬架的功用

（1）悬架弹性地连接车桥与车架（或车身），可起到缓和行驶中车辆受到的由不平路面引起的冲击力，保证乘坐舒适和货物完好的作用。

（2）传递垂直、纵向、侧向反力及其力矩。

（3）迅速衰减由于弹性系统引起的振动。

（4）起导向作用，使车轮按一定轨迹相对车身运动。

概括地说，悬架的功用可以用传力、缓冲、减振、导向几个字来概括。

2）悬架的组成

悬架是车架（或承载式车身）与车桥（或车轮）之间一切传力连接装置的总称。现代汽车的悬架一般都由弹性元件、减振器、导向机构等组成，轿车一般还有横向稳定器，如图4-99所示。

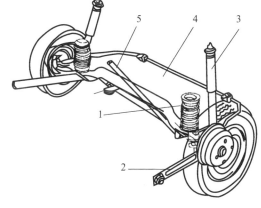

图4-99 悬架的组成

1—弹性元件；2—纵向推力杆；3—减振器；4—横向稳定器；5—横向推力杆

一、技能学习

1. 行驶系统的拆装

前桥及前悬架总成零部件如图4-100所示。

1) 前桥及前悬架的拆装

前悬架总成的分解如图 4-101 所示。

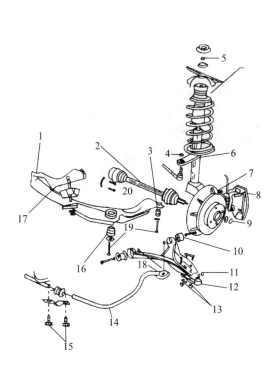

图 4-100 前桥及前悬架分解图

1—副车架；2—传动轴；3—副车架后橡胶支承；4—螺母（拧紧力矩 30 N·m）；5—自锁螺母（拧紧力矩 60 N·m）；6—减振器支柱；7—螺栓（拧紧力矩 70 N·m）；8—制动钳；9—自锁螺母（拧紧力矩 230 N·m）；10—下摇臂下支座；11—自锁螺母（拧紧力矩 50 N·m）；12—球头销；13—自锁螺母（拧紧力矩 65 N·m）；14—横向稳定杆；15—螺栓（拧紧力矩 25 N·m）；16—副车架前橡胶支承；17—自锁螺母（拧紧力矩 40 N·m）；18—自锁螺母（拧紧力矩 60 N·m）；19—螺栓（拧紧力矩 70 N·m）；20—螺栓（拧紧力矩 45 N·m）

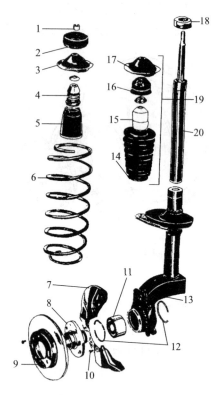

图 4-101 前悬架分解图

1—开槽螺母；2—悬架支承轴轴承（只能整件更换）；3—弹簧护圈；4—限位缓冲器；5—护套；6—螺旋弹簧；7—挡泥板；8—轮毂；9—制动盘；10—紧固螺栓（拧紧力矩 10 N·m）；11—车轮轴承；12—卡簧；13—车轮轴承壳；14—辅助橡胶弹簧；15—限位缓冲器；16—波纹管盖；17—弹簧护圈（带通气孔）；18—螺母盖（拧紧力矩 150 N·m）；19—崎岖路面选装件（M103）；20—减振器

(1) 前悬架总成的拆装。

① 前悬架的拆卸：

a. 卸下车轮装饰外罩。

b. 在车轮着地的情况下拆下轮毂与传动轴的紧固螺母，拆下车轮。

c. 拆下制动钳紧固螺栓，如图 4-102 所示，取下制动盘，把带制动软管的制动钳总成用铁丝固定在车身上，注意：不要损坏制动软管。

d. 拆下球头销紧固螺栓（如图 4-102 中下部箭头所示）。

e. 用拉力器从减振器支柱外壳上压出横拉杆接头，如图 4-103 所示。

f. 拧下横向稳定杆的紧固螺栓，如图 4-104 所示。

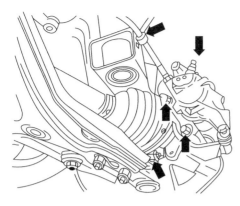

图 4-102 拆下制动钳紧固螺栓

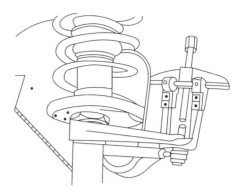

图 4-103 横拉杆接头的压出

g. 拆下传动轴（VL 节）与轮毂的固定螺母。

h. 向下撬压前悬架下摇臂，从车轮轴承壳内拉出传动轴；或利用两个固定车轮凸缘上的螺孔，将压力装置 V.A.G1389 固定在轮毂上，用液压装置从轮毂中拉出传动轴，如图 4-105 所示。拆下传动轴后，卸下压力装置。

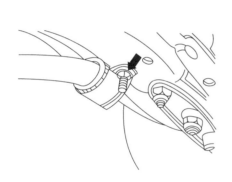

图 4-104 拧下横向稳定杆的紧固螺栓

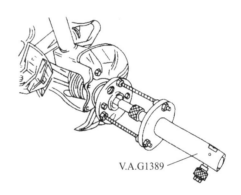

图 4-105 拉出传动轴

i. 取下盖子，支撑减振器支柱下部或者沿反方向固定。旋下活塞杆的螺母，用内六角扳手阻止活塞杆转动，如图 4-106 所示。

② 前悬架的安装：

前悬架的安装顺序应按拆卸的相反顺序进行，但同时还应注意下列几点：

a. 自锁螺母必须更换新件。

b. 前悬架总成不能用焊接和整形修理。

c. 安装传动轴时，应擦净传动轴与轮毂花键齿面的油污及密封胶，对有液压转向的，要在传动轴花键处涂上 5 mm 宽的密封剂 D6，装好后必须 60 min 后方可行驶。

d. 所有螺母或螺栓的紧固力矩应符合规定。

（2）发动机悬架和悬架装置下摆臂及横向稳定杆的拆装。

① 发动机悬架和悬架装置下摆臂及横向稳定

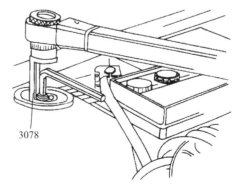

图 4-106 旋下活塞杆螺母

杆的拆卸：

a. 拆下横向稳定杆的固定卡箍。

b. 拆下前悬架下摆臂锁紧板，取下球接头。

c. 旋出下摆臂支承螺母，取出螺栓，拆下下摆臂。

② 发动机悬架和悬架装置下摆臂及横向稳定杆的安装。

安装应按拆卸的相反顺序进行，但是还应注意下列事项：

a. 重新安装时，必须更换所有自锁螺母。

b. 所有螺栓或螺母要按规定力矩拧紧。

c. 往车上安装发动机悬架时，其连接螺栓的紧固要按照一定的顺序，向车辆行驶方向看的顺序依次为后左、后右、前左、前右螺栓。

d. 安装后，发动机悬架内部都要用防腐剂进行处理。如果更换新的发动机悬架，这个新悬架内部要用防护蜡进行处理。

e. 安装横向稳定杆时，要特别注意安装方向，弯曲部分应位于下面。

f. 球形接头，左右结构不同，安装时曲柄应朝前。

（3）传动轴总成的拆装。

① 传动轴的拆卸：

a. 拆下传动轴与轮毂的紧固螺母。

b. 拧下传动轴凸缘上的紧固螺栓，如图 4-107 中箭头所示。

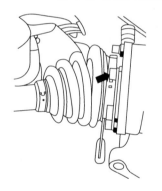

图 4-107 拧下传动轴凸缘上的紧固螺栓

c. 将传动轴与凸缘分开。

d. 从车轮轴承壳内拉出传动轴；或者利用压力装置 V.A.G1389 拉出传动轴。

注意：拆卸传动轴时，轮毂绝对不能加热，否则会损坏车轮轴承，原则上应使用拉具。拆掉传动轴后，应装上一根连接轴来代替传动轴，防止移动卸掉传动轴的车辆时，损坏前轮轴承总成。

② 传动轴的安装：

a. 将外万向节的花键上涂上一圈 5 mm 的防护剂 D6，然后装上传动轴的花键套。

b. 将传动轴用螺栓按规定力矩与法兰固定。

c. 将球形接头按原位安装并紧固。

d. 拧紧轮毂固定螺母。

e. 装上挡泥板、制动钳、车轮，必要时进行前轮定位调整。

2）后桥及后悬架的拆装

后桥及后悬架的分解图，如图 4-108 所示。

（1）后桥及后悬架的拆卸。

a. 将驻车制动拉索从拉杆上吊出，如图 4-109 所示，必要时脱开制动蹄。

b. 分开桥梁上的制动软管。

c. 松开车身上的支承座，仅留 1 个螺母支承。

d. 拆下排气管吊环。

e. 用专用工具撑住后桥横梁。

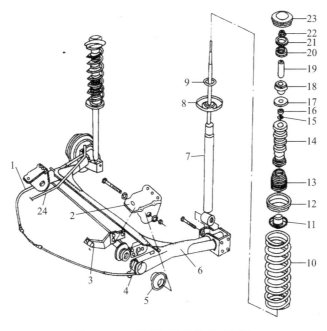

图4-108 后桥及后悬架的分解图

1—驻车制动拉索套管；2—支承座；3—调节弹簧支架；4—驻车制动拉索支架；5—橡胶金属支承；6—后悬架臂；7—减振器；8—下弹簧座圈；9，17—垫圈；10—螺旋弹簧；11—护盖；12—上弹簧座圈；13—波纹橡胶管；14—缓冲块；15—锁圈；16—隔圈；18—下轴承环（橡胶件）；19—隔套；20—上轴承环；21—衬盘（隔圈）；22—自锁螺母；23—塞盖；24—制动软管

  f. 从车厢内取下减振器盖板。

  g. 从车身上拧下支撑杆座螺母，如图4-110所示。

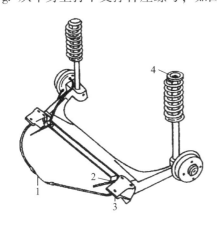

图4-109 后桥总成的拆装

1—驻车制动拉索；2—制动软管；3—支承座；4—支撑杆座螺母

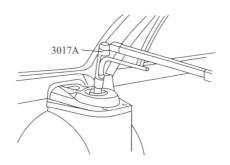

图4-110 拧下支撑杆座螺母

  h. 拆卸车身上的整个轴承支架。

  i. 操纵举升机将车辆慢慢升起。

  j. 将驻车制动拉索从排气管上拉出。

  k. 将后桥及悬架从车身底下移出。

（2）后桥及后悬架的安装。

后桥及后悬架的安装可按与拆卸相反的顺序进行,但应注意以下事项:

a. 将驻车制动拉索铺设在排气管上面,然后将后桥装到车身上。

b. 将减振器支撑杆座装入车身的支架中,并用螺母固定。

c. 横梁必须平放,车身与横梁的夹角应为17°±2°,如图4-111所示。

d. 更换所有自锁螺母,并且按规定力矩拧紧。

3) 车轮总成的拆装

(1) 车轮总成的拆卸。

拆卸轮胎时,要停稳车辆,用三角木掩住各车轮,弄清汽车左右侧车轮与轮毂连接螺栓的螺旋方向,使用车轮螺母拆装机或用套筒扳手初步拧松各连接螺母,如图4-112所示。

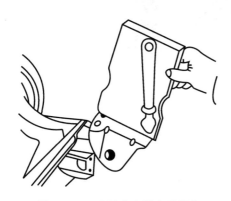

图4-111 支承座安装在后桥上

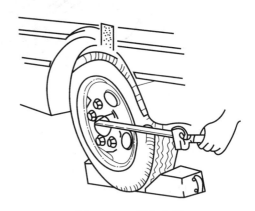

图4-112 拆卸车轮

(2) 车轮总成的安装。

安装轮胎时,按图4-113所示的顺序将螺母初步拧在螺柱上,放下车轮并在车轮前后用三角木掩住,用扭力扳手或车轮螺母拆装机,按对角线顺序分2~3次拧紧车轮螺母,最后一次要按规定力矩拧紧。

2. 行驶系统的维护

1) 车身螺栓的检查与紧固

(1) 车身螺栓及螺母的检查与紧固。

检查车身下述区域的螺栓和螺母是否松动,如图4-114所示。

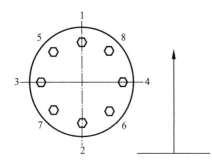

图4-113 车轮螺母紧固顺序

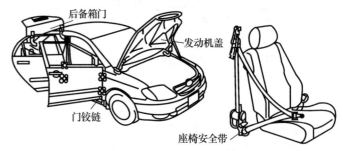

图4-114 检查车身的螺母和螺栓

a. 座椅(在各门位置)。

b. 座椅安全带（在各门位置）。

c. 车门的检查（在各门位置）。

d. 后备箱盖。

e. 发动机盖。

（2）底盘螺栓和螺母的检查与紧固。

下面举例介绍底盘螺栓和螺母的检查与紧固。注意：使用扭矩扳手紧固螺栓和螺母的过程中要选择拉向自己的方向。

a. 紧固前悬架至车身的连接螺栓，如图 4-115 所示，拧紧力矩为 60 N·m。

 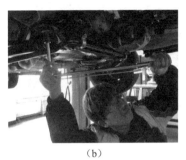

(a)　　　　　　　　　　　(b)

图 4-115　紧固前悬架至车身的连接螺栓

(a) 螺栓的布置位置；(b) 紧固过程

b. 紧固下摇臂至发动机悬架的连接螺栓，如图 4-116 所示，拧紧力矩为 60 N·m。

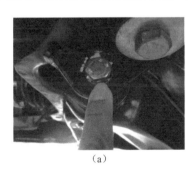 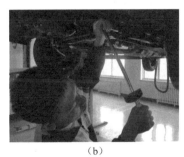

(a)　　　　　　　　　　　(b)

图 4-116　紧固下摇臂至发动机悬架的连接螺栓

(a) 螺栓的布置位置；(b) 紧固过程

2）轮胎的检查

（1）备胎的检查。

a. 打开后备箱盖，从后备箱中取出备胎，放在轮胎架上。

b. 目测检查。

如图 4-117 所示，慢慢转动轮胎检查以下项目：

a) 检查轮胎是否有裂纹和损坏。如出现异常视情况进行维修或更换。

b) 检查轮胎是否嵌入金属颗粒或其他异物。如发现有则将这些异物清除。

c) 检查轮胎是否有异常磨损。目视检查轮胎胎面是否存在不均匀磨损（如两边磨损、中间磨损、单侧磨损等）。若出现上述情况，应做进一步检查（轮胎气压或车轮定位等）。

d) 检查钢圈是否损坏或腐蚀。

c. 测量胎面沟槽深度。

如图 4-118 所示,将测量规垂直插入纹槽中,保持测量规的测量平面与两侧花纹顶面可靠接触;然后观察并读取测量规外壳顶端与标尺对齐的刻度线指示的数值,该数值即为轮胎花纹深度值。车轮轮胎花纹深度应不低于极限值。胎面深度极限值为 1.6 mm。

图 4-117 目测检查轮胎

图 4-118 测量胎面沟槽深度

注意:

a) 测量时,要在整个轮胎上进行多点测量。

b) 除了上述方法外,还可以观察轮胎表面的胎面磨耗指示标记检查胎面深度。轮胎胎面上一般有嵌入花纹底处的磨损极限标记,位于相应部位的轮胎侧面印有 "A" 或 "TWI" 记号,一旦露出或接近露出应及时更换新胎。

d. 检查轮胎胎压。

如图 4-119 所示,拆下轮胎气门嘴帽,将轮胎气压表的管嘴直接压上轮胎气门嘴,以防空气泄漏,检查完事对比维修手册上的标准值。如果气压过低,应进行充气;若气压过高,则应适当地放气,直到达到规定要求。

注意:一般轮胎的标准气压能够在汽车明显的位置上找到,如驾驶员侧车门或立柱上以及油箱盖等部位。

e. 检查气门嘴是否漏气。

如图 4-120 所示,在轮胎气门嘴涂抹肥皂水,查看是否出现气泡,从而判定充气后轮胎是否漏气。如果气门嘴周围出现气泡,则检查阀门是否松动,如无松动,则更换轮胎气门嘴。

图 4-119 检查轮胎胎压

图 4-120 检查气门嘴是否漏气

(2) 轮胎及车轮轴承的检查。

a. 操纵举升机将车辆升至中位，锁止举升机。

b. 如图 4-121 所示，检查车轮是否摆动，转动是否灵活，有无噪声。

c. 如图 4-122 所示，拆卸轮胎。注意：应对角拆卸轮胎。

图 4-121　检查车轮是否摆动，转动是否灵活，有无噪声　　　图 4-122　拆卸轮胎

d. 检查轮胎。

检查轮胎的方法和内容与检查备胎的方法和内容一样。

e. 检查完毕后，按照规定要求安装轮胎。

3) 汽车悬架的维护

(1) 减振器减振力的检查。

如图 4-123 所示，通过上下按压车身确定减振器的缓冲力的大小，并且检查车身停止摆动需要的时间，正常情况下时间很短；否则说明减振力不正常。

(2) 汽车倾斜情况的检查。

如图 4-124 所示，将汽车平稳地停在举升机上，保证各轮胎胎压一致，目测汽车是否有倾斜。

图 4-123　检查减振器减振力　　　图 4-124　检查汽车倾斜情况

(3) 悬架连接的检查。

通过用手摇晃悬架接头上的连接，检查衬套是否磨损或者有裂纹，并且检查是否摆动。

(4) 减振器的检查。

如图 4-125 所示，检查减振器上是否有凹痕。检查防尘罩上是否有裂纹、裂缝或者其他损坏。

(5) 螺旋弹簧的检查。

如图 4-126 所示，目测螺旋弹簧是否有裂纹、变形等情况，用手摇晃弹簧是否有松动。

图 4-125 检查减振器

(6) 左、右前减振器座螺栓紧固情况的检查。

如图 4-127 所示，用工具对左、右前减振器座螺栓进行紧固，拧紧力矩为 45~60 N·m。

二、任务实施与考核

(1) 学生对行驶系统进行拆装和维护，在充分掌握上述知识与技能的前提下，完成工作单。

(2) 教师在指导过程中，根据完成的情况完成考核表（见表 4-7）。

图 4-126 检查螺旋弹簧

图 4-127 检查左、右前减振器座螺栓的紧固情况

表 4-7 教师考核记录表

实训项目：　行驶系统的拆装与维护

班级学号		姓名	
项目	必要的记录	分值	评分
工作着装、工作安全、卫生情况		10	
前桥及前悬架的拆装		10	
车轮总成的拆装		10	
螺栓和螺母的检查与紧固		10	
轮胎的检查		10	
汽车悬架的维护		10	
工具的选用		10	
工作单的填写情况		30（工作单成绩折算）	
总分			
		老师签字： 　　　　年　　月　　日	

🛞 任务 4-7　转向系统的拆装与维护

🏁 任务目标

1. 能够正确描述转向系统的功用与类型；

2. 能够正确描述机械转向系统的组成及工作原理；
3. 能够正确描述动力转向系统的组成及功用；
4. 能够熟练拆装转向系统；
5. 能够熟练检查转向盘；
6. 能够熟练检查、更换动力转向液。

转向系统的拆装与维护包括转向系统的拆装和转向系统的维护。转向系统的拆装包括机械转向系统的拆装和动力转向系统的拆装；转向系统的维护包括转向盘的检查、动力转向液的检查、动力转向系统渗漏的检查、转向连接机构的检查。

一、转向系统的功用

汽车转向系统的功用是改变和保持汽车的行驶方向。

当汽车需要改变行驶方向时，必须使转向轮绕主销轴线偏转一定角度，直到新的行驶方向符合驾驶员的要求时，再将转向轮恢复到直线行驶位置。这种由驾驶员操纵转向轮偏转和回位的一套机构，称为汽车转向系统。

二、转向系统的类型

转向系统按转向能源的不同分为机械转向系统和动力转向系统两大类。机械转向系统以驾驶员的体力作为转向能源。动力转向系统兼用驾驶员的体力和发动机动力作为转向能源，又可分为液压式、气压式和电动式动力转向系统。

三、机械转向系统的组成及工作原理

1. 机械转向系统的组成

汽车机械转向系统由转向操纵机构、机械转向器和转向传动机构三大部分组成。转向操纵机构包括方向盘、转向轴、万向节、转向传动轴，转向传动机构包括转向摇臂、转向直拉杆、转向节臂、转向梯形臂、转向横拉杆等部件，如图 4-128 所示。

2. 机械转向系统的工作原理

驾驶员对转向盘施加的转向力矩通过转向轴输入转向器，机械转向系统由转向器和转向传动机构组成。经转向器放大后的力矩和减速后的运动传到转向横拉杆，再传给固定于转向节上的转向节臂，使转向节和它所支承的转向轮偏转，从而改变了汽车的行驶方向。

四、动力转向系统的功用、组成

1. 动力转向系统的功用

（1）在汽车转弯时，减少对方向盘的操作力。

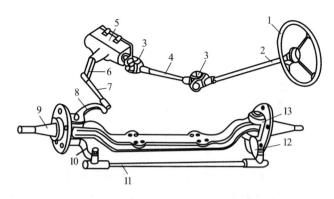

图 4-128　机械转向系统示意图

1—方向盘；2—转向轴；3—转向万向节；4—转向传动轴；5—转向器；6—转向摇臂；7—转向直拉杆；
8—转向节臂；9—左转向节；10—左转向梯形臂；11—转向横拉杆；12—右转向梯形臂；13—右转向节

（2）限制转向系统的转速比。

（3）在原地转向时，能提供必要的助力。

（4）限制车辆高速或在薄冰上的助力，具有较好的转向稳定性。

（5）在动力转向装置失效时，能保证机械转向系统有效工作。

2. 动力转向系统的组成

如图 4-129 所示，动力转向系统是利用一定的动力助力方式，帮助执行转向操作的转向装置。动力转向装置一般由机械转向器、转向动力缸、转向控制阀和转向油泵等组成。

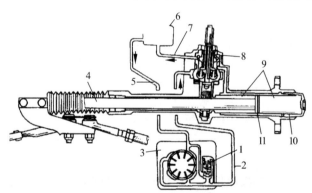

图 4-129　动力转向系统工作示意图

1—压力和流量限制阀；2—高压油管；3—转向油泵；4—齿条；5—吸油管；6—储油罐；7—回油管；
8—转向控制阀；9—压力室；10—动力油缸；11—活塞

任务实施与考核

一、技能学习

1. 机械转向系统的拆装

1）转向操纵机构的拆装

转向操纵机构如图 4-130 所示，主要由转向盘、转向柱、转向盘锁套、各种连接元件及支承元件组成。

(1) 转向操纵机构的拆卸。

a. 向下按转向盘塑胶盖板边缘，撬出转向盘盖板。

b. 松开转向盘的固定螺母，拔出喇叭线，用拉器拔出转向盘。

c. 拆下转向柱组合开关。

d. 拆下阻风门控制把手。

e. 旋出仪表装饰板固定螺钉，拆下仪表装饰板，并松开卡箍，取出转向柱。

f. 拆下弹簧垫圈。

g. 拆下转向盘锁套。

h. 卸下左边的内六角螺栓，旋出右边的开口螺栓。

(2) 转向操纵机构的安装。

安装顺序按拆卸的相反顺序进行，但要注意以下事项：

a. 转向管支柱如有损坏不能焊接使用。

b. 自锁螺母、螺栓必须更换。

2) 转向传动机构的拆装

(1) 转向传动机构的拆卸。

a. 从前桥减振器上拆下球接头。

b. 松开调整螺母，取下左、右横拉杆总成。

c. 松开调整螺母，卸下球头。

d. 检查横拉杆是否弯曲，调整螺栓螺纹有无损坏，球头是否磨损和松旷等。

e. 安装时更换自锁螺母及防尘胶套、衬套等。

f. 调整车轮转向角。

(2) 转向传动机构的安装。

在安装转向器时应该计算出齿条每齿移动的距离，或主动齿轮旋转一周齿条的位移，根据这个行程换算出角度值，再按内、外车轮转向角度来标记齿条行程的位置；按其位置固定转向盘，最后调整横拉杆，保证其左、右尺寸相同。

注意：安装转向传动机构时，要按照规定的力矩拧紧紧固螺栓。

2. 动力转向系统的拆装

1) 动力转向器的拆卸

(1) 操纵举升机将车辆升至合适的高度，排空动力转向液。

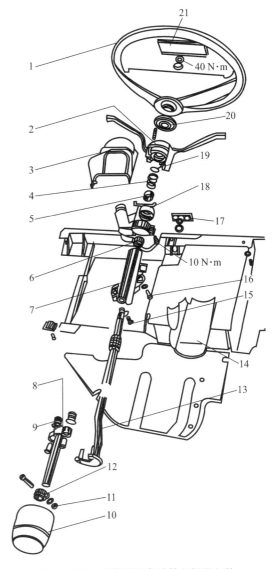

图 4-130 桑塔纳轿车的转向操纵机构
1—转向盘；2—转向柱组合开关；3—罩板；4—弹簧；5—接触环；6—橡胶支承环；7—转向柱套管；8—凸缘管；9—套管；10—密封罩；11—螺母；12—卡箍；13—转向柱；14—罩壳；15—断开螺栓；16—圆柱螺栓；17—起动器把手；18—转向盘锁套；19—弹簧垫圈；20—接触环；21—转向盘盖板

(2) 脱开蓄电池的负极端子。

(3) 检查并调整使前轮居中，并拆下喇叭按钮总成，如图4-131所示。

(4) 拆下转向盘固定螺母，在转向盘总成和主轴总成上做好配合标记。使用专用工具，拆下转向盘总成，如图4-132所示。

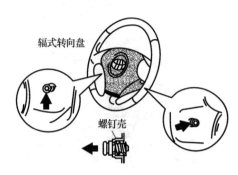

图4-131 喇叭按钮总成拆卸

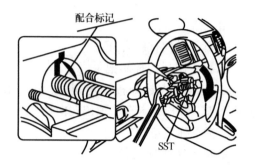

图4-132 转向盘总成拆卸

(5) 拆下转向柱孔盖板，并在滑叉和转向器输入轴上做好配合标记，分离转向滑叉分总成。

(6) 使用专用工具松开动力转向器上压力供给油管总成和加油管总成，如图4-133所示。

(7) 拆下发动机盖分总成。

(8) 拆下前轮，然后拆下发动机下护板。

(9) 拆下排气管前段总成，然后再拆下左、右前速度传感器。

(10) 使用专用工具拆下左、右前桥轮毂螺母，如图4-134所示。

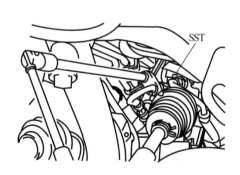

图4-133 油管总成拆卸

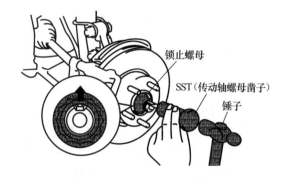

图4-134 前桥轮毂螺母拆卸

(11) 分离前稳定杆。

(12) 拆下开口销和锁紧螺母，使用专用工具，从转向节处脱开左、右侧球头拉杆，如图4-135所示。

(13) 脱开左、右前下摇臂总成。

(14) 拆下前轴总成。

(15) 拆下左、右前驱动轴总成，如图4-136所示。

(16) 使用专用设备吊起发动机总成。

(17) 分离横向发动机支撑隔离架。

(18) 拆下前悬架支撑梁分总成。

(19) 拆下转向柱孔盖板。

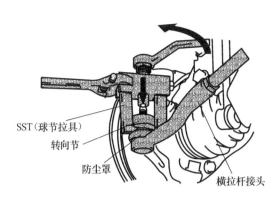

图 4-135 转向拉杆头拆卸

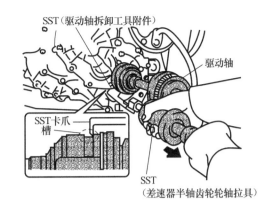

图 4-136 拆卸前驱动轴总成

（20）拆下齿轮齿条式转向器总成。

2）动力转向器的安装

（1）安装齿轮齿条式转向器总成。

（2）安装转向柱孔盖分总成。

（3）安装前悬架支撑梁分总成，连接发动机横向固定隔离架。

（4）安装前驱动轴总成和前轴总成。

（5）连接前下摇臂总成。

（6）按规定力矩安装球头拉杆分总成，并安装开口销，同时连接横向稳定杆。

（7）安装前轴轮毂螺母，并对其进行锁止。

（8）安装前速度传感器。

（9）安装排气管前段总成。

（10）安装发动机下护板，然后安装前轮。

（11）安装发动机盖分总成。

（12）使用专用工具连接动力转向器上压力供给油管总成和加油管总成。

（13）按做好的滑叉和转向器输入轴上的配合标记，连接转向滑叉分总成。

（14）安装转向柱孔盖板。

（15）检查前轮要在居中的位置。

（16）安装转向盘固定螺母，对正转向盘总成和主轴总成上做好配合标记。

（17）安装喇叭按钮总成。

（18）连接蓄电池负极端子。

（19）加注动力转向油，排尽动力转向油中的空气，并检查动力转向油有无渗漏。

（20）检查并调节前轮定位。

3. 转向系统的维护

1）转向盘的检查。

（1）检查转向盘的自由行程。

a. 将车辆停放在平坦的硬地面上，并让前轮处于直线行驶状态。

b. 起动发动机，使之怠速运转，将转向盘向左（或向右）转动到自由行程消除为止，

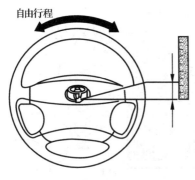

图 4-137 转向盘自由行程测量

再向右（向左）转动转向盘到自由行程消除，用直尺读取两次转动间的下线距离，即为转向系统的自由行程。如图 4-137 所示。

c. 一般轿车转向盘自由行程不大于 30 mm。如测量值大于规定值，则应进行相应调整。

（2）转向盘的松动和摆动情况的检查。

如图 4-138 所示，用两手握住转向盘，垂直和轴向地移动转向盘，检查是否有松动情况；同时，两手握住转向盘，向两侧移动转向盘，检查是否有摆动情况。

（3）将点火开关转至 ACC 位置时转向盘状态的检查。

如图 4-139 所示，将点火开关转动至 ACC 位置时，转向盘应不锁止并且可以自由转动。

图 4-138 转向盘的松动和摆动情况的检查

图 4-139 将点火开关转至 ACC 位置时转向盘的状态图

2）动力转向液的检查

（1）动力转向液高度的检查。

a. 将汽车停在水平路面上。发动机停止运转，检查储液罐中液面的高度。如有必要，加注转向动力液，确保动力转向液液位正确。如果转向液温度较高，则液位应该在"HOT"（热）范围内。

b. 如果动力转向液温度低，检查应该在"COLD"（冷）范围内，如图 4-140 所示。起动发动机并且在怠速运转。转动转向盘从一侧极限位置到另一侧极限位置数次，待油温达到 75 ℃~80 ℃时，检查是否有泡沫和乳化现象发生。如果发现有泡沫和乳化现象，排出动力转向液。发动机处于怠速状态时，检查储液罐中液面的高度。关闭发动机，等几分钟后测量储油罐中液面的高度，液面高度最多升高为 5 mm。如果发现问题，排出动力转向液。

（2）动力转向液的添加。

a. 将车辆停驻在平坦地面上，并让前轮处于直线行驶状态。

b. 用手旋下储液罐盖并用抹布擦净标尺上的油迹。

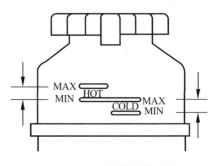

图 4-140 动力转向液液位

c. 将漏斗插入到储液罐内，稍稍倾斜动力转向液桶，对准漏斗，缓缓地将动力转向液加入储液罐内。

注意：在加注转向动力液时，油流不要过急，同时注意观察液面高度变化，防止油液溢出损失。

d. 加注一定量时，观察一下标尺上显示的液面位置。如果不足，继续添加；如果超量，则用吸管吸出。如此反复操作，直到液面符合规定要求为止。

（3）动力转向液的更换。

如果动力转向液出现变白、起泡、浑浊等现象，应及时更换动力转向液。

a. 用吸管将储液罐内的动力转向液吸出，放置在专门的容器内。

b. 使用鲤鱼钳将转向器回油管与储液罐连接端的压紧卡箍脱离压紧部位，拉离油管与管接头接触部位。

c. 将接油容器放置于油泵下方。为了把转向动力液排放彻底，起动发动机并保持怠速运转，同时左右转动转向盘至极限位置数次，直到无动力转向液排出。重新连接回油管至储液罐，停止发动机运转，并将转向盘回位到中间位置。

d. 添加动力转向液，并且使转动转向盘从一侧极限位置到另一侧极限位置数次，直到转向盘回位到中间位置时。

e. 使液位达到规定位置，并给动力转向系统放气。

（4）动力转向系统的放气。

a. 检查油面，确保动力转向液位在规定范围内。

b. 将车辆举升到合适的高度，在发动机停机时，轻轻转动转向盘从一侧锁止位置到另一侧锁止位置，反复几次。

c. 将车辆下降，起动发动机，怠速运转几分钟。怠速运转发动机从左、右旋转转向盘到一侧极限位置并且保持 2~3 s。重复转动转向盘几次，直到发动机怠速状态下储液罐内停止出现气泡为止，排气过程结束。

d. 如果液位低于规定要求，则应添加动力转向液。

3）动力转向系统渗漏情况的检查

（1）起动发动机并保持怠速运转，转动转向盘至极限位置并保持不变。将车辆举升至适当高度，并可靠锁止提升臂。

（2）检查转向器壳及各油管接头处是否有漏油现象。

（3）检查转向油泵及各管接头处是否有漏油现象。

（4）检查储液罐及各管接头处是否有漏油现象。

（5）检查动力转向器处的波纹管是否有裂纹或破损，是否存在润滑脂或者润滑油渗漏现象。

4）转向连接机构的检查

（1）如图 4-141 所示，用手摇晃转向横拉杆，检查是否松动或者摆动。

（2）目视检查转向横拉杆是否弯曲或者损坏。

（3）如图 4-142 所示，目视检查防尘罩是否有老化、裂纹、漏油现象。

图4-141 转向连接机构固定情况的检查

图4-142 检查防尘罩的情况

二、任务实施与考核

（1）学生对转向系统进行拆装和维护，在充分掌握上述知识与技能的前提下，完成工作单。

（2）教师在指导过程中，根据完成的情况完成考核表（见表4-8）。

表4-8 教师考核记录表

实训项目：转向系统的拆装与维护

班级学号		姓名		
项目	必要的记录		分值	评分
工作着装、工作安全、卫生情况			10	
机械转向系统的拆装			10	
动力转向系统的拆装			10	
转向盘的检查			10	
动力转向液的检查			10	
动力转向液的添加			10	
转向连接机构的检查			10	
工作单的填写情况			30（工作单成绩折算）	
总分				
			老师签字： _____年___月___日	

任务4-8 制动系统的拆装与维护

1. 能够正确描述制动系统的功用与组成；
2. 能够正确描述盘式制动器的结构和工作原理；
3. 能够正确描述鼓式制动器的结构和工作原理；
4. 能够熟练拆装制动系统；

5. 能够熟练检查制动踏板、制动助力器、驻车制动器及制动管路；
6. 能够熟练检查、更换制动液。

制动系统的拆装与维护包括制动系统的拆装和制动系统的维护。制动系统的拆装包括制动摩擦片的拆装、后轮制动鼓和制动蹄的拆装；制动系统的维护包括制动踏板的检查与调整、真空助力器的检查、驻车制动器的检查、制动管路的检查、制动液的检查、制动液的更换、制动系统放气、盘式制动器各零件的检查、鼓式制动器各零件的检查。

一、制动系统的功用

由制动系统的组成可知制动系统的功用有以下三个方面：
(1) 使行驶中的汽车减速乃至停车。
(2) 使下长坡的汽车保持车速稳定。
(3) 使停驶的汽车可靠驻停。

二、制动系统的组成

一般汽车应该包括两套独立的制动系统：行车制动系统和驻车制动系统。汽车制动系统一般都有以下四个组成部分：
(1) 供能装置。它包括供给、调节制动所需能量以及改善传能介质状态的各种部件，如气压制动系统中的空气压缩机、液压制动系统中的人的肌体。
(2) 控制装置。它包括产生制动动作和控制制动效果的各种部件，如制动踏板等。
(3) 传动装置。它将驾驶员或其他动力源的作用力传到制动器，同时控制制动器的工作，从而获得所需的制动力矩。
(4) 制动器。产生阻碍车辆的运动或运动趋势的力的部件。

三、盘式制动器的结构和工作原理

车轮制动器是指旋转元件固装在车轮或半轴上，将制动力矩直接作用于两侧车轮上的制动器。根据车轮制动器中旋转元件的不同，车轮制动器可分为鼓式制动器和盘式制动器两大类。目前中外轿车大多数采用的是盘式制动器，本学习任务以上海桑塔纳轿车前轮制动器为例介绍盘式制动器的结构和工作原理。

如图4-143所示为上海大众桑塔纳前轮制动器。制动钳支架固定在转向节上。制动钳体用紧固螺栓与制动钳导向销连接，导向销插入制动钳支架的孔中做动配合，制动钳体可沿导向销做轴向滑动。制动盘的内侧悬装有活动制动块，而外侧的固定制动块通过弹片安装在制动钳支架的内端面上。制动时，制动盘内侧的活动制动块在制动液作用下由活塞推靠到制动盘上，同时制动钳上的反作用力将附装在制动钳支架中的固定制动块也推靠到制动盘上。当活动制动块磨损到允许极限厚度时，报警开关便接通电路而对驾驶员发出警报信号。

四、鼓式制动器的结构和工作原理

以桑塔纳轿车后轮鼓式制动器为例进行介绍，桑塔纳后轮制动器为带有驻车制动器的鼓式非平衡式制动器。

桑塔纳后轮制动器的结构如图 4-144 所示，制动底板用螺栓固定在后桥轴端支承座上，制动轮缸为双活塞内张型液压轮缸，用螺钉固定在制动底板上方。制动鼓用轴承支承在后桥短轴上，与车轮一起旋转。支架、挡板用螺钉紧固在地板的下方。下回位弹簧使制动蹄的下端嵌入固定板的切槽中。回位弹簧使两制动蹄的上端压靠到推杆上，楔形调整板在其拉簧作用下，向下拉紧制动蹄与推杆。制动蹄通过定位销及定位弹簧保持蹄面与制动底板垂直。

制动时，轮缸活塞在制动液压力的作用下向外推动制动蹄，制动蹄克服回位弹簧的弹力向外张开，压向制动鼓，产生制动力矩使汽车制动。解除制动时，制动液压消失，在回位弹簧的作用下制动蹄回位。

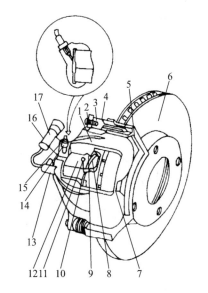

图 4-143 上海大众桑塔纳前轮制动器
1—制动钳体；2—紧固螺栓；3—导向销；4—防护套；5—制动钳支架；6—制动盘；7—固定制动块；8—消声片；9—防尘套；10—活动制动块；11—密封圈；12—活塞；13—电线导向夹；14—放气螺钉；15—放气螺钉帽；16—报警开关；17—电线夹

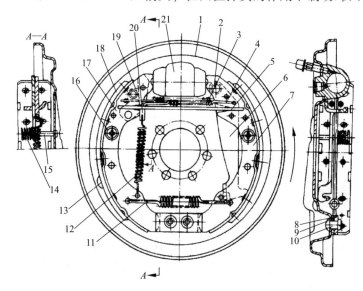

图 4-144 桑塔纳后车轮制动器
1—制动底板；2—销轴；3，4，11，12—回位弹簧；5—压力杆；6—制动杆；7—带杠杆装置的制动蹄；8—支架；9—挡板；10—铆钉；13—观察孔；14—压簧；15—夹紧销；16—弹簧座；17—带斜楔支承的制动蹄；18—摩擦片；19—斜楔支承；20—楔形块；21—制动轮缸

五、驻车制动器的结构及工作原理

桑塔纳轿车的驻车制动器与行车制动器复合共用，驻车制动装置主要由驻车制动杆、驻

车制动器操作拉杆、制动拉索及后轮制动器中的驻车制动拉杆等组成,如图 4-145 所示。它作用于后轮,主要是在坡路或平路上停车时使用,或在紧迫情况下作紧急制动。

如图 4-146 所示,驻车制动杠杆上端平头销与后制动蹄相连,其中上部卡入驻车制动推杆右端的切槽中,作为支点,下端与驻车制动拉索相连。前、后制动蹄的腹板卡在驻车制动推杆的两端槽中,并分别用一根复位弹簧与制动推杆相连。

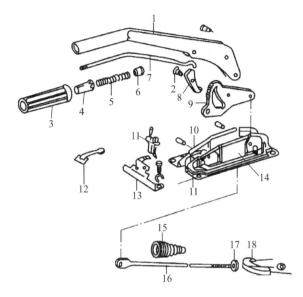 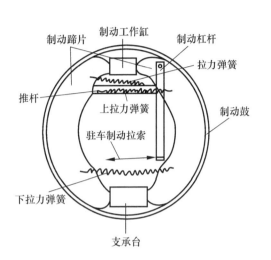

图 4-145 桑塔纳轿车驻车制动器分解图　　　图 4-146 驻车制动工作原理示意图

1—驻车制动杆;2—螺栓;3—制动手柄套;4—旋钮;5—弹簧;6—弹簧套筒;7—棘轮杆;8—棘轮掣子;9—扇形齿;10—右轴承支架;11—驻车灯开关;12—凸轮;13—支架;14—左轴承支架;15—驻车制动拉杆底部橡胶防尘罩;16—驻车制动操作拉杆;17—限位板;18—驻车制动拉索调整杠杆

驻车制动时,拉起操纵杆,操纵杆力通过操纵机构使驻车制动拉索收紧,拉索拉动驻车制动杠杆的下端,使之绕上端支点顺时针转动。制动杠杆转动过程中,其中间支点推动驻车制动推杆左移,使前制动蹄压向制动鼓。前制动蹄压向制动鼓后,制动推杆停止运动,则驻车制动杠杆的中间支点变成其继续移动的新支点,于是驻车制动杠杆的上端右移,使后制动蹄压靠在制动鼓上,产生制动作用。此时,驻车制动操纵杆上的棘爪嵌入齿扇上的棘齿内,起锁止作用。

解除驻车制动时,按下驻车制动操纵杆上的按钮,使棘爪脱离棘齿,将操纵杆回到释放制动位置。松开驻车制动拉索,则制动蹄在复位弹簧的作用下回位。

一、技能学习

1. 制动系统的拆装

1)制动摩擦片的拆装

如图 4-147 所示为前制动器的分解。

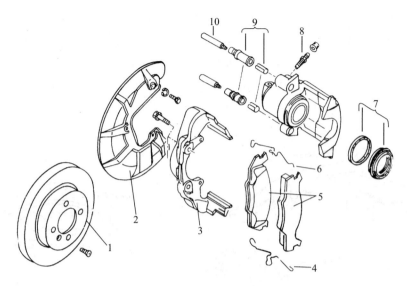

图 4 – 147　前制动器的分解

1—前制动盘；2—制动器底板；3—前制动器摩擦片架；4—固定摩擦片卡簧；5—制动摩擦片；6—固定摩擦片卡簧；
7—前制动分泵密封圈；8—前分泵放油阀；9—前制动分泵固定螺栓护套；10—导向销

前制动摩擦片经过长期使用后，如果已损坏，或者厚度已磨损到了极限，则需要更换。

（1）制动摩擦片的拆卸。

a. 拆下前轮。

b. 如图 4 – 148 所示，拆卸上、下定位螺栓，用手卸下上、下定位弹簧。

c. 取出制动钳壳体，如图 4 – 149 所示。

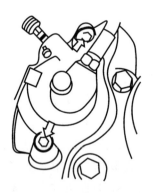 

图 4 – 148　拆下固定螺栓　　　图 4 – 149　取出制动钳壳体

d. 用挂钩将制动钳体固定。

e. 在支架上拆卸下制动摩擦片。

f. 将制动钳活塞压回制动钳壳体内。如图 4 – 150 所示，在压回活塞之前，应先从制动液储液罐中抽出一部分制动液，以免在压回活塞时造成制动液外溢，损坏表面油漆。制动液有毒，而且有较强的腐蚀性，须用专门容器存放。

（2）制动摩擦片的安装。

安装时顺序与拆卸次序相反。

a. 先换上新的摩擦片，然后装上制动钳壳体，用 40 N·m 力矩拧紧紧固螺栓。

b. 安装上下定位弹簧片，如图 4 – 151 所示。

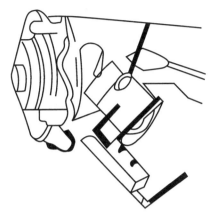
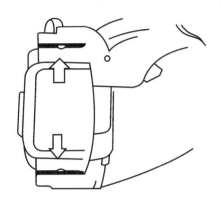

图 4 – 150　把活塞压回到制动钳壳体内　　　图 4 – 151　安装上下定位弹簧片

c. 装好后，用力踩制动踏板到底，踩数次，以便使摩擦片能正确就位。

2）后轮制动鼓和制动蹄的拆装

图 4 – 152 所示为后轮制动蹄的分解，图 4 – 153 所示为后轮制动器的零部件。

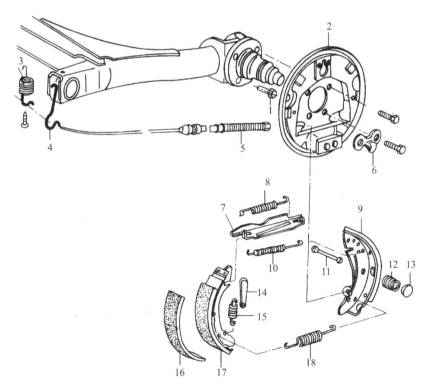

图 4 – 152　后轮制动蹄的分解（180 mm × 39 mm）

1—后制动检测孔橡胶塞；2—后制动底板；3—驻车制动拉索拉紧簧；4—驻车制动拉索固定夹；5—驻车制动拉杆；
6—制动拉索引导件；7—制动推杆；8—后轮前制动蹄回位弹簧；9—后轮后制动蹄；10—后轮前制动蹄中回位弹簧；
11—制动蹄定位销；12—制动蹄定位销压簧；13—制动蹄定位销压簧垫圈；14—制动蹄调整楔形件；15—制动楔形
件用下回位弹簧；16—后制动修理包；17—后轮前制动蹄；18—制动蹄下回位弹簧

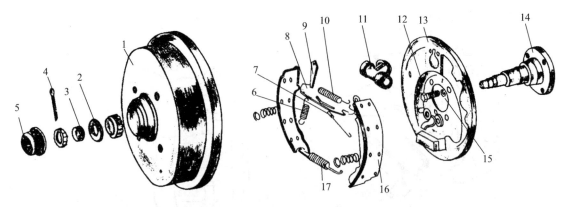

图 4-153　后轮制动器的零部件（200 mm×40 mm）

1—后制动鼓；2—止推垫圈；3—调整车轮轴承间隙用隔圈；4—开口锁（换新）；5—轮毂盖；6—用于楔形件的回位弹簧；7—上回位弹簧；8—压力杆；9—楔形件（必要时在拆卸制动鼓之前，用从制动鼓螺孔伸入的一字旋具把它向上压止限位）；10—回位弹簧；11—车轮制动分泵；12—底板固定螺栓；13—制动底板；14—车轮支承短轴；15—弹簧垫圈；16—带摩擦片的制动蹄；17—下回位弹簧

（1）后轮制动鼓和制动蹄的拆卸。

a. 对角拆下车轮螺栓螺母，取下车轮。

b. 用专用工具拆下轮毂盖（见图 4-154）。

c. 取下开口销，旋下后车轮轴承上的六角螺母，取出止推垫圈。

d. 用螺丝刀通过制动鼓螺孔向上拨动楔形块，如图 4-155 所示，使制动蹄与制动鼓放松。

图 4-154　拆卸轮毂盖

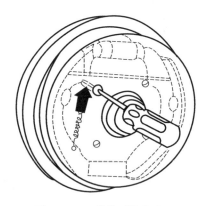
图 4-155　将楔形块向上压

e. 用鲤鱼钳拆卸下制动蹄保持弹簧及弹簧座圈。

f. 借助起子、撬杆，或用手从下面的支架上提起制动蹄，取出下回位弹簧。

g. 用钳子拆下制动杆上的驻车制动拉索，用钳子取下楔形调整块弹簧和上回位弹簧。

h. 拆卸下制动蹄（见图 4-156）。

i. 将带推杆的制动蹄夹紧在台虎钳上，取下回位弹簧，取下制动蹄，如图 4-157 所示。

（2）后轮制动鼓和制动蹄的安装。

a. 应先装上回位弹簧，将制动蹄装在压力杆上，如图 4-158 所示。

b. 装上楔形调整块，凸出一边朝向制动底板。

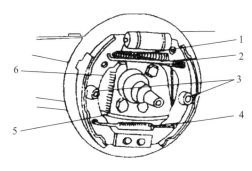

图 4-156 拆卸制动蹄

图 4-157 拆卸制动蹄回位弹簧

1—上回位弹簧；2—压力杆；3—弹簧及座圈；4—下回位弹簧；
5—制动拉索；6—楔形调节块用弹簧

c. 将带有传动臂的制动蹄装在压力杆上，如图 4-159 所示。

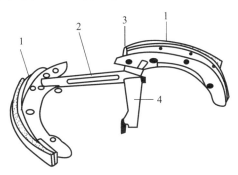

图 4-158 安装制动蹄回位弹簧

图 4-159 将制动蹄装在压力杆上

1—制动蹄；2—压力杆；3—销轴；4—制动杆

d. 装入上回位弹簧。

e. 将驻车制动拉索在传动臂上装好。

f. 将制动蹄装上制动底板，靠住制动分泵。

g. 装入下回位弹簧，提起制动蹄，装到下面的支架中。

h. 装上制动蹄保持弹簧和座圈。

i. 装入制动鼓以及后轮轴承。

j. 检查调整后轮轴承间隙。

k. 用力踩制动踏板一次，使后制动蹄能正确就位。

3) 制动摩擦片的更换

摩擦片使用一段时间后，出现损坏或磨损到了极限时，应当更换。

制动摩擦片是用铆接方式与制动蹄连接的，更换时可以连底板一起更换，即更换整个制动蹄，也可以只更换制动摩擦片本身。

如果是仅更换摩擦片，应先去掉旧的铆钉及孔中的毛刺，换上新的摩擦片，并按规范重新铆接。铆接新摩擦片时应先中间，后两边。

2. 制动系统的维护

1) 制动踏板的检查与调整

(1) 检查制动踏板的运行状况。

反复踩下制动踏板几次,通过检查确保制动踏板没有下述任何故障:反应灵敏度低、踏板不完全落下、异常噪声、过度松动。

(2) 检查制动踏板的高度。

为了获得合适的制动力,需要正确的制动踏板行程,对制动踏板进行必要的调整,使其工作时不会拖延或卡滞是必要的。掀起地板垫用直尺测量从地面到制动踏板上表面的距离,如图4-160 (a) 所示。

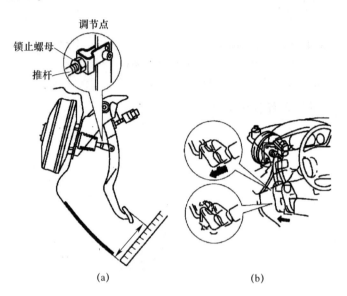

图4-160 检查及调整制动踏板高度
(a) 检查制动踏板高度;(b) 调整制动踏板高度

(3) 调整制动踏板的高度。

拆下中控台盖板。从制动灯开关上拆下插接器;松开制动灯开关锁止螺母并拆下制动灯开关;松开U形接头锁止螺母,转动踏板推杆调整踏板到规定高度,拧紧推杆锁止螺母,如图4-160 (b) 所示。

(4) 检查踏板的自由行程。

熄灭发动机,反复踩制动踏板直到助力器中无真空为止。踩下踏板直至感到有阻力为止,测出图4-161所示的距离。踏板的自由行程为1~6 mm。如果间隙不合要求,则应检查制动灯开关的间隙。如果制动灯开关的间隙正确,则应对制动系统进行诊断。

(5) 检查踏板行程余量。

松开驻车制动拉杆。发动机运转状态下,用490 N的力踩下制动踏板,测量图4-162所示踏板行程余量保留距离,此距离应大于55 mm。如果距离不符合要求,则应对制动系统进行诊断。

2) 真空助力器的检查

(1) 真空助力器工作情况的检查。

如图4-163所示,起动发动机,怠速运转1~2 min后熄火。踩下制动踏板数次,检查制动踏板是否升高。踩下制动踏板后,起动发动机,检查制动踏板是否下沉。若为否,说明真空助力器工作不良,应检查真空管路或更换真空助力器。

图 4-161 检查制动踏板的自由行程

图 4-162 检查制动踏板行程余量

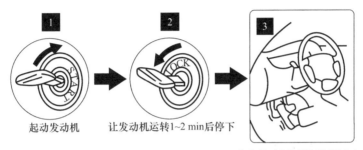

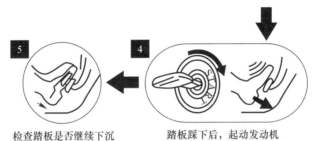

图 4-163 真空助力器工作情况的检查

(2) 真空助力器的真空检查。

如图 4-164 所示，起动发动机，踩下制动踏板并保持 30 s 后使发动机熄火检查制动踏板高度是否不变。若制动踏板高度发生变化，说明真空助力器有真空泄漏。

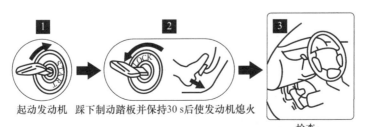

图 4-164 真空助力器的真空检查

3) 驻车制动器的检查

(1) 将点火开关置于 ON 位置，拉起驻车制动操纵杆时，仪表板上驻车警告灯应亮起；放下驻车制动操纵杆时，警告灯应熄灭，如图 4 – 165 所示。

(2) 检查驻车制动器的预定行程。如图 4 – 166 所示，用大约 197 N 的力缓慢地拉起驻车制动器操纵杆，驻车制动杆行程在预定的槽数内（拉动时可以听到"咔嗒"声）。标准响声是 6 ~ 9 响。

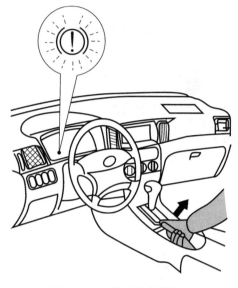

图 4 – 165　检查驻车警告灯

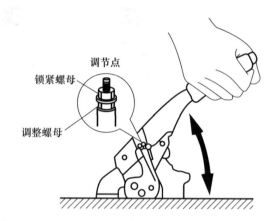

图 4 – 166　检查驻车制动器的预定行程

(3) 检查驻车制动器棘爪的锁定性能。将车辆举升至轮胎的最低点距离地面约 20 cm 的高度，一个人拉紧驻车制动器的操纵杆，另一人转动后两车轮，如果转不动车轮，说明棘爪的锁定性能良好。如果棘爪不可靠，应更换驻车制动器总成。

(4) 检查驻车制动器解除锁定性能。一个人按下操纵杆前端按钮，操纵杆快速复位；另一个人转动后两车轮，检查车轮转动情况，如果车轮转动阻力过大，说明该车轮驻车制动器复位性能不良，应予以检修。

4) 制动管路的检查

(1) 检查制动总泵、储油罐、油管是否存在泄漏现象。

(2) 举升车辆至高位，检查制动管路油管与车身底板有无摩擦，油管是否有压痕、泄漏。

图 4 – 167　检查制动液液位

(3) 检查制动管路软管是否存在老化、裂纹、泄漏情况。

(4) 检查制动管路软管和硬管连接是否可靠。

(5) 转动车轮，观察车轮内侧是否与制动管路发生摩擦或干涉。

5) 制动液的检查

检查储液罐内的制动液液面是否正常。如图 4 – 167 所示，制动液液面应位于储液罐上 MIN

与 MAX 刻度线之间。若液量不足，应先对液压系统进行泄漏，再补充制动液至规定液位。

6) 制动液的更换

用常规方法更换制动液需要两人配合进行，一人踩踏制动踏板，给液压制动系统加压；另一个人打开制动分泵上的放气阀，排出制动系统中的空气。

(1) 技师 A 进入驾驶室，端坐在驾驶座上，关闭车门，降落车窗玻璃，放松驻车制动器操纵杆。

(2) 技师 B 操纵举升机将车辆举升至合适高度，并可靠锁止提升臂。

(3) 技师 B 用手取下右后车轮制动分泵放气阀上的防尘罩，将塑料软管一端插入制动分泵的放气阀上，另一端插入接油容器中。

(4) 技师 B 使用专用扳手拧松制动分泵上的放气阀；技师 A 开始踩踏制动踏板。

(5) 技师 A 观察制动液排放情况，当无油液排出时，拧紧放气阀，取下塑料软管。至此，右后车轮分泵内的制动液排放完毕。按照相同的操作要求，依次排放左后、右前、左前车轮分泵内的制动液。

(6) 制动液排放完毕后应进行必要的制动管路的清洗。

(7) 技师 B 操纵举升机将车辆降至地面上。

(8) 技师 B 将制动液缓慢倒入储液罐内，直到液面达到规定要求为止，最后旋紧储液罐盖。

7) 制动系统的放气

(1) 技师 B 操纵举升机将车辆举升到合适的高度，并可靠锁止提升臂。

(2) 技师 B 将一根软管的一端接到右后车轮的放气阀上，另一端插入接油容器上。

(3) 技师 A 用力迅速踩下并缓慢放松制动踏板，如此反复数次后踩下制动踏板，并保持一定高度使之不动。

(4) 技师 B 拧松放气阀，管路中的空气随制动液顺着胶管排出制动系统，排出空气后再将放气阀拧紧。

(5) 重复上述步骤多次，直至接油容器中制动液里无气泡为止。

(6) 至此，右后车轮制动管路排气结束，按照相同的操作要求，依次排放左后、右前、左前车轮的制动管路中的空气。

(7) 观察储液罐制动液面高度，必要时添加制动液。

8) 盘式制动器各零件的检查

(1) 如图 4-168 所示，检查制动器摩擦片是否存在不均匀磨损的情况。

(2) 如图 4-169 所示，检查制动盘是否异常磨损和损坏。

图 4-168　检查制动器摩擦片

图 4-169　检查制动盘

(3）检查制动卡钳是否有制动液泄漏的情况。

(4）清洁制动盘和制动摩擦片。

(5）检查制动摩擦片的厚度，如图4-170所示，用直尺测量制动摩擦片的厚度，其极限值为1.0 mm。若小于极限值则应更换摩擦片。

(6）检查制动盘厚度。如图4-171所示，用千分尺进行测量，在整个圆周上选6点进行测量，取读数最值。

图4-170 测量制动摩擦片的厚度

图4-171 测量制动盘厚度

(7）检查制动盘摆动。如图4-172所示，安装百分表和磁力表座，用百分表在距制动盘外缘10 mm处测量制动盘的摆动，制动盘最大摆动量为0.05 mm。如果制动盘的摆动量达到或超过极限，确定车轮轴承间隙是否正常，如轴承和轮毂正常，则更换制动盘。

9）鼓式制动器各零件的检查

(1）检查制动蹄滑动状况。

(2）检查制动蹄、背板和固定件之间接触表面的磨损情况。

(3）检查制动蹄衬片是否损坏。如图4-173所示，用游标卡尺测量制动蹄衬片的厚

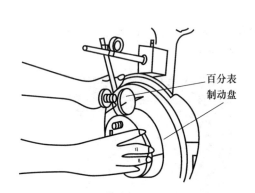
图4-172 检查制动盘的摆动量

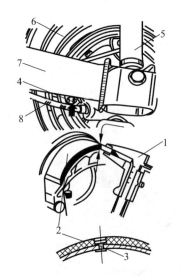
图4-173 制动蹄衬片厚度的检查
1—卡尺；2—摩擦片；3—铆钉；4—观察孔；5—后减振器；
6—制动底板；7—后桥体；8—驻车制动器

度。标准值为 5 mm，使用极限为 2.5 mm。其铆钉与摩擦片的表面深度不得小于 1 mm，以免铆钉头刮伤制动鼓内表面。在未拆下车轮时，后制动蹄衬片的厚度可从制动底板的观察孔中检查。

（4）后制动鼓内孔磨损及尺寸的检查。如图 4-174 所示，首先检查后制动鼓内孔有无烧损、刮痕和凹陷。若不能修磨，应更换新件。检查制动鼓内孔尺寸及圆度误差时，用游标卡尺检查内孔尺寸，标准值为 180 mm，使用极限为 181 mm。用测量不圆度工具测量制动鼓内孔的圆度误差，使用极限为 0.03 mm。若超过极限，应更换新件。

（5）后制动蹄衬片与后制动鼓接触面积的检查。如图 4-175 所示，将后制动蹄衬片表面打磨干净后，靠在后制动鼓上，检查两者的接触面积，应不小于 60%，否则，应继续打磨衬片的表面。

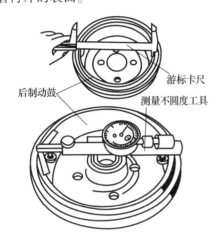

图 4-174 后制动鼓内孔磨损及尺寸的检查

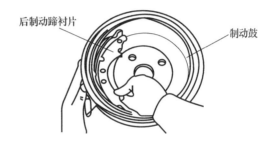

图 4-175 后制动蹄衬片与后制动鼓接触面积的检查

二、任务实施与考核

（1）学生对制动系统进行拆装和维护，在充分掌握上述知识与技能的前提下，完成工作单。
（2）教师在指导过程中，根据完成的情况完成考核表（见表 4-9）。

表 4-9 教师考核记录表

实训项目：制动系统的拆装与维护

班级学号		姓名	
项目	必要的记录	分值	评分
工作着装、工作安全、卫生情况		10	
制动摩擦片的拆装		10	
制动鼓和制动蹄的拆装		10	
制动踏板的检查与调整		10	
真空助力器的检查		10	
驻车制动器的检查		10	
制动液的检查及更换		10	
盘式、鼓式制动器各零部件的检查		10	
工作单的填写情况		20（工作单成绩折算）	
总分			
		老师签字：_____年___月___日	

思考与练习

一、思考题

1. 离合器有何功用？
2. 简述什么是离合器踏板的自由行程，为什么要有自由行程？
3. 简述手动变速器有何功用。
4. 简述自动变速器由哪几部分组成。
5. 简述动力转向系统由哪几部分组成。
6. 简述汽车制动系的基本组成及工作原理。
7. 简述手动变速器的维护项目有哪些。
8. 简述轮胎在维护过程中需要检查的项目有哪些。
9. 简述如何检查转向盘的自由行程。
10. 简述动力转向液的更换步骤。
11. 简述制动踏板在维护过程中需要检查哪些项目。
12. 简述制动系统中真空助力器的检查项目有哪些。

二、单项选择题

1. 在正常情况下，发动机工作，汽车离合器踏板处于自由状态时（　　）。
   A. 发动机的动力不传给变速器　　　B. 发动机的动力传给变速器
   C. 离合器分离杠杆受力　　　　　　D. 离合器的主动盘与从动盘分离

2. 在手动变速器中有一对传动齿轮，其中主动齿轮数大于从动齿轮数，此传动的结果将会是（　　）。
   A. 减速、减扭　　B. 减速、增扭　　C. 增速、减扭　　D. 增速、增扭

3. 自动变速器上具有锁止功能的是（　　）。
   A. P 挡　　　　　B. R 挡　　　　　C. N 挡　　　　　D. D 挡

4. 伸缩型球笼万向节一般布置在传动轴的（　　）。
   A. 外侧（靠近车轮侧）　　　　　　B. 内侧（靠近主减速器侧）
   C. 内外侧均可　　　　　　　　　　D. 中间位置

5. 下列不属于独立悬架的是（　　）。
   A. 双叉臂式悬架　　B. 麦弗逊式悬架　　C. 多连杆式悬架　　D. 拖曳臂式悬架

6. 转向盘的自由行程一般为（　　）。
   A. 10°~15°　　　B. 20°~30°　　　C. 25°~30°　　　D. 30°~40°

7. 当汽车转向且外转向轮转角达到最大值时，其转弯半径（　　）。
   A. 最大　　　　　B. 不能确定　　　C. 在最大和最小之间　　D. 最小

8. 汽车驻车制动器通常制动（　　）。
   A. 前轮　　　　　B. 传动轴　　　　C. 后轮　　　　　D. 前后轮

9. 气压制动器的驱动力完全由（　　）产生。
   A. 液压　　　　　B. 气压　　　　　C. 脚踏板　　　　D. 制动蹄

10. 汽车日常维护后，轮胎气压（　　）。
    A. 应高一些　　　B. 应低一些　　　C. 必须正常　　　D. 无要求

11. 轮胎规格：P215/65 R 15 表示（　　）。
   A. 普通轮胎　　　B. 子午线轮胎　　　C. 无内胎轮胎　　　D. 有内胎轮胎

三、多项选择题

1. 膜片弹簧离合器由（　　）组成。
   A. 主动部分　　　B. 从动部分　　　C. 压紧机构　　　D. 操纵机构
2. 按操纵方式不同，变速器可分为（　　）。
   A. 手动变速器　　　　　　　　B. 自动变速器
   C. 手动自动一体化变速器　　　D. 无级变速器
3. 自动变速器能显著提高车辆的（　　）。
   A. 行驶安全性　　B. 乘坐舒适性　　C. 燃油经济性　　D. 操纵轻便性
4. 万向传动装置一般由（　　）组成。
   A. 万向节　　　　B. 传动轴　　　　C. 变速器　　　　D. 主减速器
5. 驱动桥通常由（　　）组成。
   A. 主减速器　　　B. 差速器　　　　C. 半轴　　　　　D. 桥壳
6. 车轮主要由（　　）组成。
   A. 轮辋　　　　　B. 轮胎　　　　　C. 轮辐　　　　　D. 轮毂
7. 悬架一般是由（　　）组成。
   A. 弹性元件　　　B. 减振器　　　　C. 导向机构　　　D. 横向稳定器
8. 离合器的维护主要包括（　　）。
   A. 离合器液面的检查　　　　　B. 离合器踏板的自由行程
   C. 离合器踏板的工作情况　　　D. 离合器踏板自由行程的调整
9. 手动变速器的维护主要包括（　　）。
   A. 手动变速器液渗漏的检查　　B. 手动变速器液液面高度的检查
   C. 手动变速器液的更换　　　　D. 换挡杆的检查

四、判断题

1. 汽车夏季行驶时应增加停歇次数，如果轮胎发热或内压增高，应停车休息散热，严禁放气降低轮胎气压，也不要用冷水浇泼。（　　）
2. 润滑脂按用途分，可分为减磨润滑脂、防护润滑脂、密封润滑脂。（　　）
3. 一般使用等级高的齿轮油可用在要求低的车辆上，使用等级低的齿轮油也能用在要求高的车辆上。（　　）
4. 制动液按其组成和特性不同，一般可分为醇型、酒精型和合成型三类。（　　）
5. 汽车轮胎应选用同一品牌、同一类型、同一花纹的胎。（　　）
6. 检查排气管是否泄漏时不可触摸排气管，以免烫伤。（　　）
7. 检查汽车底部时，排气管接头处的螺栓应该用力矩扳手检查是否拧紧。（　　）
8. 检查制动系统时应检查制动管路与钳体接合处是否泄漏。（　　）
9. 检查轮胎气压时备胎气压不需要检查。（　　）
10. 制动液不具有腐蚀性。（　　）
11. 更换或补加制动液后应排放油压管路内的空气，排气时，应依照"由远至近"的原则。（　　）

项目五
汽车电器的拆装与维护

任务 5-1　蓄电池的拆装与维护

1. 能够正确描述蓄电池的作用；
2. 能够正确描述蓄电池的总体构造及工作原理；
3. 能够熟练拆装蓄电池；
4. 能够熟练检查蓄电池。

蓄电池的拆装与维护包括蓄电池的拆装和蓄电池的维护。蓄电池的拆装包括蓄电池的就车拆卸与安装；蓄电池的维护包括使用中蓄电池技术状况的检查、蓄电池外观检查、蓄电池表面的检查、蓄电池端子腐蚀情况的检查、蓄电池连接导线的检查、蓄电池的储存。

蓄电池（俗称"电瓶"）是一种将化学能转变为电能的装置，是可逆的低压直流电源。蓄电池放电时，将其储存的化学能转变为电能；蓄电池充电时，将电能转变为化学能储存起来，直到化学能储存满时充电结束。

一、蓄电池的作用

（1）在发动机起动时，给起动机提供大电流，同时向点火系统、燃油喷射系统及发动机其他用电设备供电。

（2）在发电机不发电时，由蓄电池向用电设备供电。

（3）当取下汽车钥匙时，由蓄电池向时钟、发动机及车身 ECU 存储器、电子音响系统及防盗报警系统等供电。

二、蓄电池的总体构造

现代汽车用普通铅蓄电池的结构如图 5-1 所示。其组成主要有极板、隔板、电解液、外壳、联条、接线柱等。

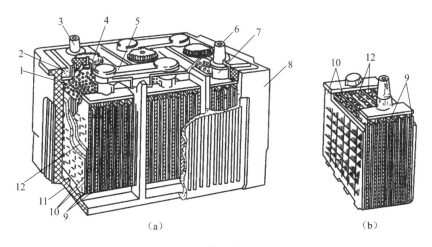

图 5-1 蓄电池的构造

(a) 整体构造；(b) 单格蓄电池构造

1—护板；2—绝缘材料；3—负极接线柱；4—加液孔螺栓；5—联条；6—正极接线柱；7—电极衬套；8—外壳；9—正极板；10—负极板；11—肋条；12—隔板

三、工作原理

蓄电池的工作原理如图 5-2 所示。

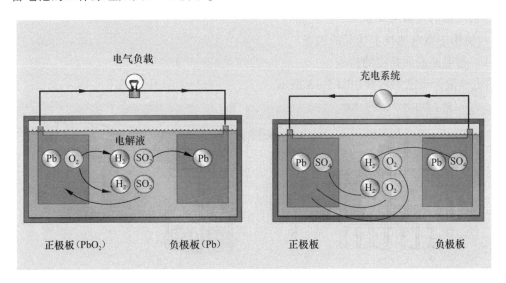

图 5-2 蓄电池的工作原理

蓄电池在充放电时总的化学反应过程可用下式表示，即

$$PbO_2 + Pb + 2H_2SO_4 \underset{充电}{\overset{放电}{\rightleftharpoons}} 2PbSO_4 + 2H_2O$$

(1) 放电：在放电过程中，正、负极板上的活性物质都转化为 $PbSO_4$，同时，电解液中的 H_2SO_4 转化为水，电解液的密度不断下降。

(2) 充电：在充电过程中，正、负极板上的 $PbSO_4$ 分别转化为 PbO_2 和 Pb，电解液中硫酸成分逐渐增多，电解液的密度逐渐上升。

一、技能学习

1. 蓄电池的拆卸与安装

1）蓄电池的拆卸

（1）先拆下蓄电池的搭铁线，再拆正极接线。

（2）拆下蓄电池压板，从支架中取出蓄电池。

2）蓄电池的安装

（1）将固定压板压在蓄电池底部凸缘上。

（2）先将蓄电池正极接线接上，然后连接上搭铁线。

3）蓄电池拆装的注意事项

（1）点火开关接通时禁止拆蓄电池。

（2）在蓄电池的拆装过程中，要避免蓄电池正负极的意外短路。

（3）在蓄电池正负极断开和连接的时候，要保证正确的先后顺序。

（4）部分高档汽车断电后，可能需要重新设定参数，所以在拆装该类汽车的蓄电池时，要保持汽车电器不断电。

2. 蓄电池的检查与维护

1）使用中蓄电池技术状况的检查

（1）蓄电池液面高度的检查。

蓄电池液面高度的检查如图5-3所示。

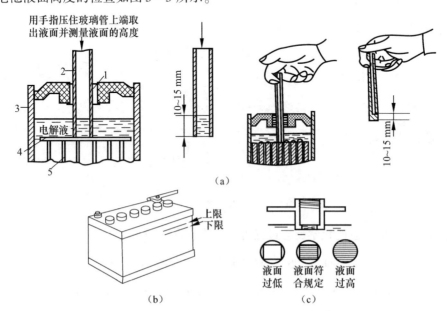

图5-3 蓄电池液面高度的检查

(a) 用玻璃管检查法；(b) 观察液面高度指示线法；(c) 从加液孔观察图形法

1—加液孔；2—玻璃管；3—外壳；4—防护板；5—极板组

（2）蓄电池电解液相对密度和温度的检查。

如图5-4所示，打开蓄电池的加液盖，把密度计下端的橡皮管插入单格电池的加液孔内，用手将橡皮球捏瘪，再慢慢放开，电解液就会被吸到玻璃管中。使管内的浮子浮在玻璃管中央（不要相互接触），读密度计的读数。要求读数时使密度计刻度线与眼睛平齐，测量的密度值应用标准温度（+25 ℃）予以校正（同时测量电解液温度）。

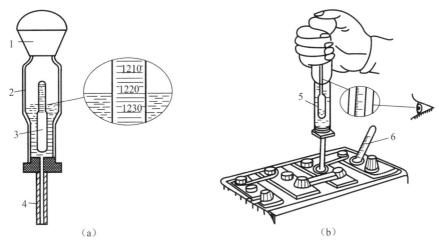

图5-4　密度计及测量密度的方法

(a)密度计的构造；(b)测量电解液密度的方法

1—橡皮球；2—吸液玻璃管；3、5—密度计；4—吸管；6—温度计

（3）用高率放电计测量放电电压。

如图5-5所示，测量时应将两叉尖紧压在单体电池的正、负极柱上，历时5 s左右，观察大负荷放电情况下蓄电池所能保持的端电压。一般技术状况良好的蓄电池，用高率放电计测量时，单体蓄电池电压应在1.5 V以上，并在5 s内保持稳定；如果5 s内电压迅速下降，或某一单体电池的电压比其他单体电池低0.1 V以上时，表示该单体电池有故障，应进行修理。

不同厂牌的放电计，负荷电阻值不同，放电电流和电压表读数也就不同。使用时应参照原厂说明书规定。

2）蓄电池的维护

（1）蓄电池外观检查。

检查蓄电池壳体有无损坏、裂纹；是否存在漏液现象。如果有上述现象，应采取粘补或更换蓄电池的措施。

（2）蓄电池表面的检查。

检查蓄电池表面是否清洁，如有脏污，应清理干净。具体方法如下：用1∶1的小苏打（碳酸氢钠）和水的溶液去除蓄电池表面的灰尘和腐蚀物的聚集物，也可以使用钢丝刷或专用的蓄电池接线柱清洗工具，最后再用干净的水冲洗蓄电池表面区域，并使之完全晾干。

（3）蓄电池端子腐蚀情况的检查。

检查蓄电池正负极端子是否有腐蚀、松动现象。如有腐蚀，可以使用砂布擦磨清理。

（4）蓄电池连接导线的检查。

用手微微晃动蓄电池接头处连接导线，如果导线有松动，应及时进行紧固，防止出现短路现象。

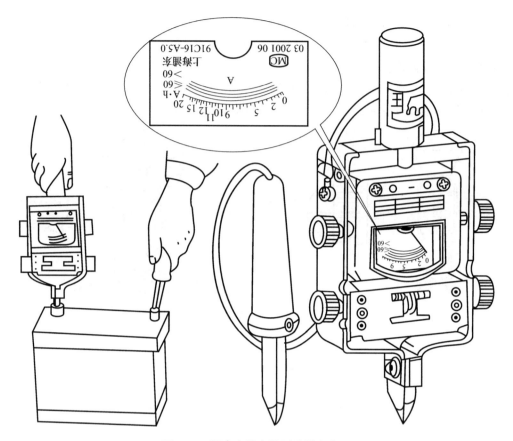

图 5-5 用高率放电计测试放电电压

3) 蓄电池的储存

暂不使用的蓄电池,进行湿储存的方法是先将电池充足电,相对密度达 1.285,液面至正常高度,密封加液塞通气孔后放置室内暗处。储存的时间不宜超过 6 个月,其间应定期检查电解液相对密度和用高率放电计检查容量,如低于 25% 应立即充电。交付使用前也要先充足电。

存放期长的蓄电池,最好以干储法储存。先将电池以 20 h 放电率完全放电,倒出电解液,用蒸馏水多次冲洗至水中无酸性,倒尽水滴,晾干后旋紧加液塞后密封储存。启用前的准备和新电池相同。

二、任务实施与考核

(1) 学生对蓄电池进行拆装和维护,在充分掌握上述知识与技能的前提下,完成工作单。

(2) 教师在指导过程中,根据完成的情况完成考核表(见表 5-1)。

表 5-1 教师考核记录表

实训项目:　蓄电池的拆装与维护

班级学号		姓名		
项目	必要的记录		分值	评分
工作着装、工作安全、卫生情况			10	
蓄电池的拆装			15	
使用中蓄电池技术状况的检查			20	

续表

蓄电池的维护		15	
工具的选用		10	
工作单的填写情况		30（工作单成绩折算）	
总分			

老师签字：
_____年___月___日

任务 5-2　发电机的拆装与维护

1. 能够正确描述发电机的作用；
2. 能够正确描述发电机的组成及工作原理；
3. 能够熟练拆装发电机总成；
4. 能够熟练维护和保养发电机。

发电机的拆装与维护包括发电机的拆装和发电机的维护。发电机的拆装包括蓄电池的就车拆卸与安装；发电机的维护主要是传动带的检查。

一、汽车交流发电机的结构

三相同步交流发电机的结构如图 5-6 所示，由风扇、皮带轮、转子总成、定子总成、端盖、电刷与电刷架等部件组成。

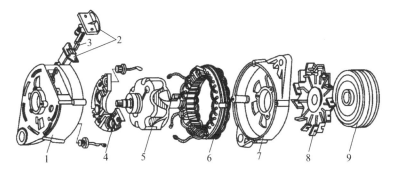

图 5-6　三相同步交流发电机的结构

1—端盖；2—电刷架；3—电刷；4—元件板；5—定子总成；6—转子总成；7—前端盖；8—风扇；9—皮带轮

二、交流发电机的工作原理

如图 5-7 所示,发电机工作时,转子线圈中有电流通过,产生磁场,安装于转子轴上的两块爪极被磁化为 N 极和 S 极。转子旋转,磁极交替穿过定子铁芯,形成一个旋转磁场,它与固定的三相定子绕组之间产生相对运动,于是在三相定子绕组中便产生三相交流电流(电动势)。发电机产生的三相交流电流,经整流器后变为直流电流,然后向汽车用电设备供电,同时向蓄电池充电。

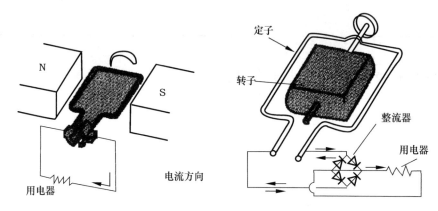

图 5-7 发电机的工作原理

一、技能学习

1. 交流发电机的拆装

1)发电机总成的拆装

(1)从蓄电池负极端子断开电缆,如图 5-8 所示。

(2)脱开发电机总成电缆和连接器,如图 5-9 所示。

(3)拧松发电机安装螺栓,移动发电机,拆卸传动皮带,如图 5-10 所示。

(4)拆卸所有的发电机安装螺栓,然后拆卸发电机,如图 5-11 所示。

2)发电机总成的安装

(1)装上紧固螺栓,接上发电机,如图 5-12 所示。

(2)拧紧发电机固定螺栓。

(3)装上发电机皮带,调整皮带的松紧度,如图 5-13 所示。

(4)接好发电机电缆和连接器,如图 5-14 所示。

(5)如图 5-15 所示,接上蓄电池负极端子。

2. 交流发电机的维护

1)传动带磨损的检查

如图 5-16 所示,检查传动带的整个外围是否有磨损、裂纹、层离或者其他损坏。如果无法检查传动带的整个外围,则通过在发电机转动方向转动曲轴带轮检查传动带。

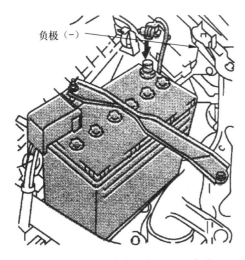
图 5-8 断开蓄电池负极端子电缆

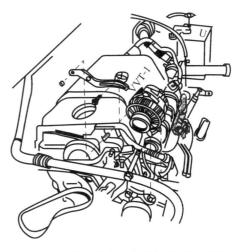
图 5-9 脱开发电机总成电缆和连接器

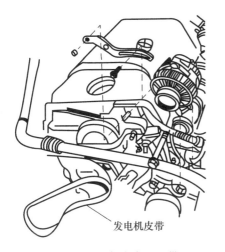
图 5-10 拆卸发电机皮带

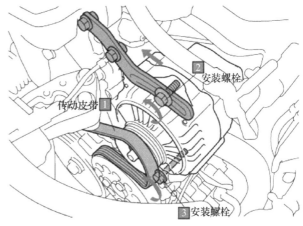
图 5-11 拆卸发电机

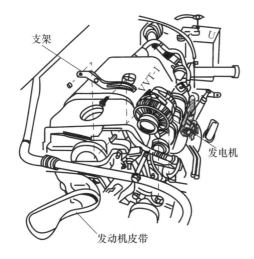
图 5-12 安装紧固螺栓和支架

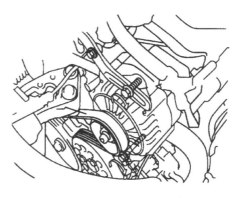
图 5-13 安装发电机皮带

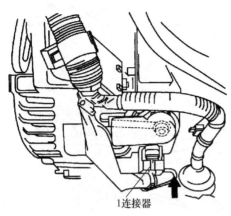
图 5-14 接好电缆和连接器

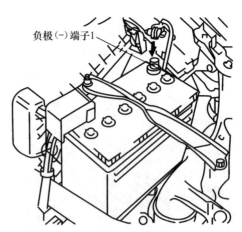
图 5-15 蓄电池负极端子

2）传动带张紧度的检查

经常检查发电机 V 形带（皮带）的张紧程度，发电机 V 形带与带轮的啮合情况，如图 5-17 所示。发电机的动力是由发动机通过 V 形带传递的，发电机的 V 形带的布置如图 5-18 所示，当 V 形带工作不正常时，会影响发电机正常工作，使用中听到 V 形带发出啸叫声时，应对 V 形带进行检查。检查 V 形带张紧度的方法是用拇指将 V 形带下压，其挠度在 2（新）~ 5 mm（旧）为合适，如不符合规定应进行调整。一旦发现有损坏迹象，应及时更换 V 形带。

图 5-16 检查传动带

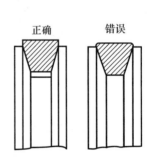
图 5-17 传动带的啮合

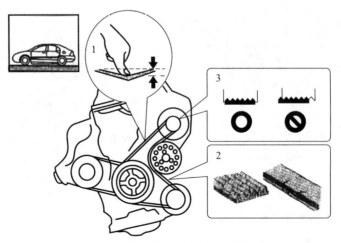
图 5-18 传动带张紧度与磨损的检查

3) 传动带张紧度的调整

发电机 V 形带挠度的调整如图 5 - 19 所示，拧松张紧卡板 A 和发电机上的所有紧固螺栓（至少松开一圈，紧固螺栓松开后，发电机靠自重倒向一侧），用扭力扳手转动张紧螺母 B 使 V 形带挠度符合规定数值（新带需要 8 N·m，旧带需要 4 N·m），然后用 35 N·m 的力矩拧紧张紧螺母 B 上的紧固螺栓将张紧螺栓紧固，用 20 N·m 的力矩将支架紧固在气缸盖吊耳上。

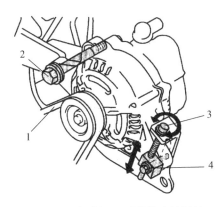

图 5 - 19　发动机 V 形带挠度的调整
1—传动带；2—安装螺栓；3—调整螺栓；
4—紧固螺栓

二、任务实施与考核

（1）学生对发电机进行拆装和检查，在充分掌握上述知识与技能的前提下，完成工作单。

（2）教师在指导过程中，根据完成的情况完成考核表（见表 5 - 2）。

表 5 - 2　教师考核记录表

实训项目：　发电机的拆装与维护

班级学号		姓　名		
项目	必要的记录		分值	评分
工作着装、工作安全、卫生情况			10	
发电机的拆装			20	
传动带磨损的检查			10	
传动带张紧度的检查			10	
传动带挠度的调整			10	
工具的选用			10	
工作单的填写情况			30（工作单成绩折算）	
总分				
			老师签字： 　　　　年　月　日	

任务 5 - 3　车身电器的拆装与维护

1. 能够正确描述汽车使用的各种灯光的作用；
2. 能够正确描述汽车信号装置的作用；
3. 能够熟练更换各种灯光的灯泡；
4. 能够熟练拆装玻璃刮水器的总成；
5. 能够熟练维护车身电器各系统。

任务引入

车身电器的拆装与维护包括车身电器的拆装和车身电器的维护。车身电器的拆装包括挡风玻璃刮水器电动机总成的更换、左刮水器橡胶条的更换、挡风玻璃刮水器开关总成、低音喇叭总成更换、灯光的拆装、左侧雾灯单元的更换、左侧面转向信号灯灯罩的更换、左侧后组合灯总成的更换、中央刹车灯总成的更换、牌照灯的更换、大灯调光开关总成的更换；车身电器的维护包括组合仪表警告灯的检查、灯光的检查、喇叭的检查、电动车窗的检查。

相关知识

一、汽车照明装置

为了保证汽车夜间行驶的安全和提高行驶速度，汽车上装有多种照明设备。汽车照明装置按其安装位置和用途不同，可分为外部照明装置和内部照明装置，主要包括下述部件。

目前多将汽车后部的尾灯、后转向信号灯、制动、倒车灯等组合起来称为组合尾灯，而将前照灯、雾灯或前转向信号灯等组合在一起称为组合前灯。

（1）前照灯。前照灯俗称大灯、头灯，装在汽车头部的两侧，用来照亮车前的道路。按数量可分为两灯制和四灯制，按安装可分为内装式和外装式。

（2）雾灯。雾灯在有雾、下雪、暴雨或尘埃弥漫等情况下，用来改善道路的照明情况。每车一只或两只，安装位置比前照灯稍低，一般离地面约 50 cm，射车的光线倾斜度大，光色为黄色或橙色（黄色光波较长，透雾性能好）。

（3）示宽灯。示宽灯俗称前小灯，装在汽车前部两侧的边缘，汽车在夜间行驶时，用来标示汽车的宽度。

（4）尾灯。尾灯装在汽车的尾部，夜间行驶时，用来警示后面的车辆，以便保持一定的距离。

（5）倒车灯。倒车灯用来照亮车后路面，并警告车后的车辆和行人，表示该车正在倒车。

（6）牌照灯。牌照灯用来照亮汽车牌照。

（7）停车灯。夜间停车时，停车灯用来标志汽车的存在。

（8）仪表灯。仪表灯装在仪表板上，用来照明仪表。

（9）顶灯。顶灯装在车厢或驾驶室内顶部，作为内部照明之用。

（10）其他辅助用灯。为了便于夜间检修，汽车设有工作灯，经插座与电源相接。有的在发动机罩下面还装有发动机罩下灯，其功用与工作灯相同。在行李舱内还安装有行李舱照明灯，当打开行李舱时点亮，方便取放行李。在一些大型客车内还安装踏步灯和走廊灯，以方便乘客夜间上下车和在车内走动。

二、汽车信号装置

1. 灯光信号系统

1）信号灯与指示灯

（1）转向信号灯。转向信号灯又称转向灯。转向信号灯的功用是当汽车转弯时，在闪光器的控制下，向其他车辆和行人发出明暗交替的闪烁信号，指示汽车向左或向右的行驶方向。

（2）转向指示灯。转向指示灯的功用是向驾驶员指示汽车转向方向和转向信号灯工作情况。转向指示灯安装在驾驶室仪表盘上，每辆汽车安装 2 只，受转向灯开关盒闪光器控制。

（3）危急报警信号灯与指示灯。在汽车行驶过程中，如遇危险或紧急情况，可将危急报警信号灯开关接通，前、后、左、右及两侧转向信号灯和仪表盘上的转向指示灯同时闪烁，向其他车辆和行人发出报警信号。

（4）制动信号灯。制动信号灯的功用是在汽车制动时，向跟进车辆发出红色信号，提醒跟进车辆驾驶员采取相应措施（减速或躲避），以免发生追尾事故。

（5）示廓灯。示廓灯是示宽灯与示高灯的统称。其功用是在汽车夜间行驶时，分别指示汽车的宽度和高度。

（6）停车灯。停车灯的功用是指示汽车夜间停放的位置。汽车前后各 2 只，通常将示宽灯兼作停车灯。

（7）门控灯。门控灯的功用是指示车门的开闭状况。通常将顶灯兼作门控灯。门控灯受车门轴处的门控开关控制。当车门关闭时，门控开关断开，门控灯熄灭；当车门打开时，门控开关接通，门控灯发亮照明车内空间，以便乘客入座。

（8）尾灯。尾灯的功用是在夜间行车时，提醒跟进车辆保持一定距离。尾灯安装在汽车尾部左右两侧，受车灯开关控制。

2）闪光器

在转向信号系统或危急报警信号系统中，控制信号灯和指示灯闪烁发光的装置，称为闪光继电器，简称闪光器。闪光器按结构不同可分为电热式、电容式、水银式、电子式闪光器等几种类型。

2. 音响信号

1）电喇叭

汽车用喇叭分为电喇叭和气喇叭两种。现代汽车普遍采用电喇叭。

2）声音报警器

（1）倒车蜂鸣器与语音报警器。

当汽车倒车时，为了警告车后的行人和其他车辆，除了在尾部装备有倒车灯之外，部分汽车还备有倒车蜂鸣器。

（2）座椅安全带报警器。

当接通点火开关而没有扣紧座椅安全带时，座椅安全带报警器会发出报警声并点亮报警灯。

3. 汽车仪表及报警装置

为了使驾驶员掌握车辆的各种工作状况，保证行车安全并及时发现和排除车辆存在的故障，现代汽车上都安装有多种监察仪表和报警装置，这些装置一般都集成在仪表台上形成仪表总成。

现代轿车的仪表台总成一般是指方向盘前的主仪表板和驾驶员旁通道上的副仪表板以及仪表罩构成的平台。主仪表板上一般集中了全车的监察仪表，如车速表、发动机转速表、油压表、水温表、燃油表等。有些仪表还设有变速挡位指示、时钟、环境温度表、路面倾斜表和海拔高度表等。按照当前流行的仪表台设计款式，一般将空调、音响、导航、娱乐等设备的显示和控制部件安装在副仪表板上，以方便驾驶员操作，同时也显得整车布局紧凑合理，上海桑塔纳 2000 型轿车主仪表台的布局形式如图 5-20 所示。该仪表板上除了显示车速、里程、发动机转速、冷却液温度、燃油量等最基本最重要的工况信息外，还用其他指示形式来指示一些次要信息，如汽车电源、安全、润滑、制动等。仪表板常见的符号的含义如图 5-21 所示。

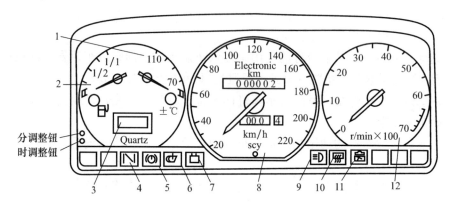

图 5-20　上海桑塔纳 2000 型轿车主仪表台的布局形式

1—冷却液温度表；2—燃油表；3—电子钟；4—阻风门指示灯；5—驻车制动器和制动液面警告灯；6—机油压力警告灯；7—充电指示灯；8—电子车速里程表；9—远光指示灯；10—后窗加热指示灯；11—冷却液液面警告灯；12—电子转速表

图 5-21　仪表板常见符号的含义

4. 电动车窗

电动车窗系统是由车窗、车窗玻璃升降器、电动机、开关等装置组成的。各部件的布置如图 5-22 所示。

一、技能学习

1. 车身电器的拆装

1）挡风玻璃刮水器电动机总成的更换

（1）拆下挡风玻璃刮水器壁罩。

(2) 拆下前右挡风玻璃刮水器壁。

a. 启动刮水器,让其停在自动复位位置。

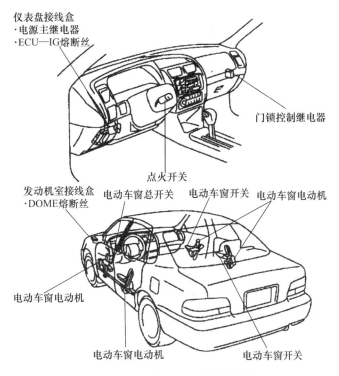

图 5-22 电动车窗各部件的布置

b. 拆下前右挡风玻璃刮水器臂螺母。

(3) 拆下前左挡风玻璃刮水器臂。

拆下前左挡风玻璃刮水器臂螺母。

(4) 拆下发动机罩密封条上的罩板。

如图 5-23 所示,用卡扣拆卸工具,松开 8 个夹钳,然后拆下发动机罩密封条上的罩板。

(5) 拆下发动机罩右侧通风孔百叶窗。

如图 5-24 所示,用卡扣拆卸工具,拆下 3 个夹钳,松开 4 个卡扣,然后拆下发动机罩右侧通风孔百叶窗。

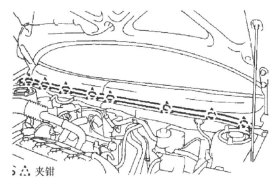

图 5-23 拆下发动机罩密封条上的罩板

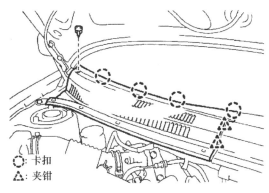

图 5-24 拆下发动机罩右侧通风孔百叶窗

(6) 拆下发动机罩左侧通风百叶窗。

如图 5-25 所示，用卡扣拆卸工具，拆下夹钳，松开 4 个卡扣，然后拆下发动机罩左侧通风孔百叶窗。

(7) 拆下挡风玻璃刮水器连接总成。

如图 5-26 所示，断开连接器，拆下 2 个螺栓，向车辆乘客侧滑动刮水器连接总成。松开橡皮销，拆下刮水器连接总成。

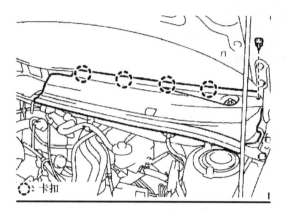

图 5-25　拆下发动机罩左侧通风百叶窗　　　　图 5-26　拆下挡风玻璃刮水器连接总成

(8) 拆下挡风玻璃刮水器电动机总成。

a. 如图 5-27 (a)、(b) 所示，用螺丝刀松开挡风玻璃刮水器电动机总成曲轴臂转轴上的 2 个销子。

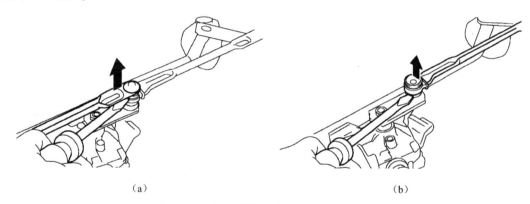

(a)　　　　　　　　　　　　　　　　　(b)

图 5-27　拆下挡风玻璃刮水器电动机总成

(a)、(b) 松开销子

b. 如图 5-28 所示，拆下 2 个扭矩螺栓和挡风玻璃刮水器电动机总成。

(9) 安装挡风玻璃刮水器电动机总成。

a. 在挡风玻璃刮水器电动机总成曲轴臂转轴上涂抹 MP 润滑油。

b. 如图 5-29 所示，把挡风玻璃刮水器电动机总成用 2 个扭矩螺栓装到挡风玻璃刮水器连接总成上。

(10) 安装挡风玻璃刮水器连接总成。

如图 5-30 所示，安装橡皮销，用 2 个螺栓安装挡风玻璃刮水器连接总成，接上连接器。

(11) 安装前左刮水器臂。

如图 5-31 所示，起动刮水器，让其停在自动复位位置；用圆形的锉刀或类似的设备刮擦刮水器臂的齿孔；用钢丝刷清洁刮水器臂的齿孔；用螺母安装前左刮水器臂。

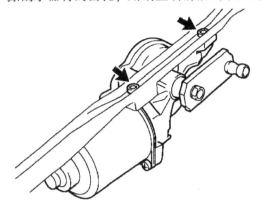

图 5-28 拆下 2 个扭矩螺栓和挡风玻璃刮水器电动机总成

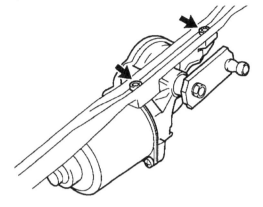

图 5-29 安装 2 个扭矩螺栓和挡风玻璃刮水器电动机总成

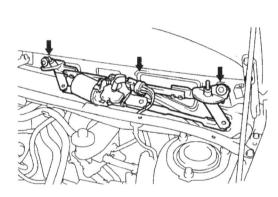

图 5-30 安装挡风玻璃刮水器连接总成

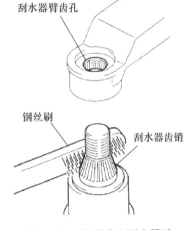

图 5-31 安装前左刮水器臂

（12）安装前右刮水器臂。

用圆形的锉刀或类似的设备刮擦刮水器臂的齿孔；用钢丝刷清洁刮水器臂的齿孔；用螺母安装前右刮水器臂；起动刮水器，让水或者清洗液洒到玻璃上，检查刮水的状态，并且后刮水器不撞击到车身。

2）左刮水器橡胶条的更换

（1）拆下左侧刮水片。

从前左刮水器臂上拆下左侧刮水片。

（2）拆下左侧刮水器橡胶条。

a. 从前左刮水片上拆下左前刮水器橡胶条。

b. 从左前刮水器橡胶条拆下 2 个支撑板。

（3）安装左侧刮水器橡胶条。

a. 如图 5-32 所示，把 2 个支撑板装到

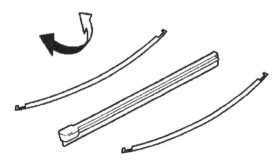

图 5-32 安装左侧刮水器橡胶条

左侧刮水器橡胶条上。

注意：小心支撑板的方向。

b. 如图 5-33 所示，安装左侧刮水器橡胶条，使橡胶条的头部（长的一边）朝向轴的一面。

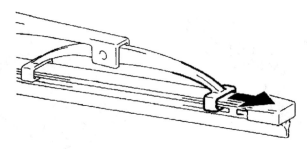

图 5-33 安装时要使橡胶条的头部（长的一边）朝向轴的一面

注意：

a) 把刮水片压进橡胶条的凹槽里使之结合牢固。

b) 在放回驾驶员侧的刮水器臂之前，先把乘客侧的刮水器臂放回去。

3) 拆下挡风玻璃刮水器开关总成

(1) 拆下上转向柱罩。

(2) 拆下挡风玻璃刮水器开关总成。

如图 5-34 所示，断开连接器，松开卡扣，拉出挡风玻璃刮水器开关总成。

4) 低音喇叭总成的更换

(1) 拆下低音喇叭总成。

a. 断开连接器。

b. 拆下螺栓和喇叭总成。

(2) 安装低音喇叭总成。

a. 把喇叭底座放在散热器上的支撑隔板上，用螺栓安装好喇叭总成。

b. 接上连接器。

5) 灯光的拆装

(1) 左大灯单元总成的拆装。

a. 拆下散热器护栅附属总成。

b. 拆下前保险杠盖。

c. 拆下左大灯总成。

a) 如图 5-35 所示，拆下 3 个螺钉和螺栓。

b) 拆下连接器。

c) 如图 5-36 所示，向前拉出大灯总成。

d) 拆下大灯总成。

d. 拆下示宽灯泡。

a) 如图 5-37 所示，连同示宽灯插座一起，拆下示宽灯。

b) 从示宽灯插座上拉出示宽灯。

e. 拆下前转向信号灯灯泡。

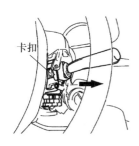 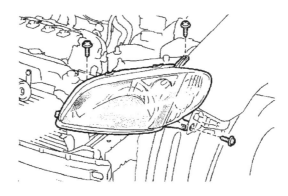

图 5-34 拆下挡风玻璃刮水器开关总成　　　图 5-35 拆下 3 个螺钉和螺栓

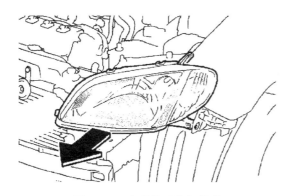 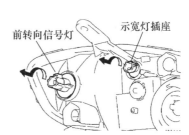

图 5-36 向前拉出大灯总成　　　图 5-37 拆下示宽灯插座

a) 如图 5-37 所示，把前转向信号灯灯泡和前转向信号灯插座一起拆下来。

b) 从前转向信号灯插座上拆下前转向信号灯灯泡。

f. 拆下大灯灯罩。

g. 调整大灯光束。

6) 左侧雾灯单元的更换

(1) 拆下散热器护栅附属总成。

(2) 拆下前保险杠。

(3) 拆下左侧雾灯总成（见图 5-38）。

a. 断开连接器。

b. 松开 4 个卡钳，拆下左侧雾灯总成。

c. 拆下雾灯灯泡。

7) 左侧面转向信号灯灯罩的更换

(1) 拆下侧面转向信号灯总成（见图 5-39）。

a. 向车辆前方拉动侧面转向信号灯总成并偏转，松开卡钳。

b. 松开插座，拆下左侧面转向信号灯总成。

(2) 安装侧面转向信号灯总成。给侧面转向灯灯罩换装新的垫圈。

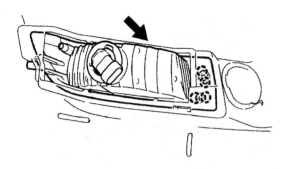
图 5-38 拆下左侧雾灯总成

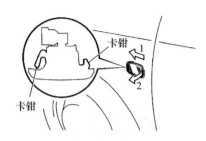
图 5-39 拆下侧面转向信号灯总成

8) 左侧后组合灯总成的更换

(1) 拆除后备箱内部装饰条。如图 5-40 所示,用扳手拆下 2 个卡钳并拆除左侧后备箱装饰条。

(2) 拆下左侧后组合灯总成。

a. 如图 5-41 所示,拆下 3 个螺母,拆下后组合灯连接器。

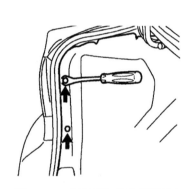
图 5-40 拆除后备箱内部装饰条

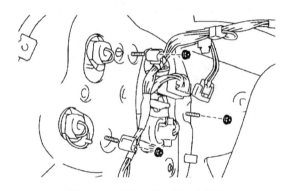
图 5-41 拆下后组合灯连接器

b. 如图 5-42 所示,向车辆后方拉出后组合灯总成,并拆下后组合灯总成。

9) 中央刹车灯总成的更换

如图 5-43 所示,拉出中央刹车灯总成,断开连接器。

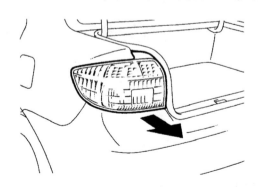
图 5-42 拆下后组合灯总成

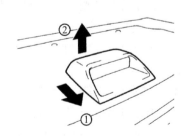
图 5-43 中央刹车灯总成的更换

10) 牌照灯的更换

(1) 拆下后备箱锁止缸或者用钥匙设定。

(2) 拆下后备箱门外部装饰条。

(3) 如图 5-44 所示,拉出牌照灯总成,松开卡钳,断开连接器。

(4) 拆下牌照灯灯泡。

(5) 拆下牌照灯插座和导线。

11) 大灯调光开关总成的更换

(1) 向上拆下转向柱盖。

(2) 拆下大灯调光开关总成。

如图 5-45 所示,断开连接器,然后用螺丝刀松开卡钳,拉出大灯调光开关总成。

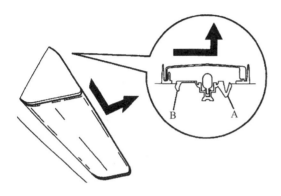
图 5-44 拉出牌照灯总成

图 5-45 拉出大灯调光开关总成

注意:

a. 卡钳如果用力按压会损坏。

b. 使用前把螺丝刀的头部包裹起来。

2. 车身电器的维护

1) 组合仪表警告灯的检查

组合仪表警告灯的检查,如图 5-46 所示。

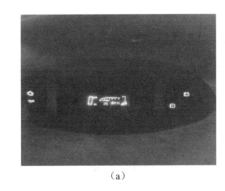
(a)

(b)

图 5-46 发动机起动前后仪表指示工作情况
(a) 点火开关转至 ON 位置指示灯全亮;(b) 发动机起动后部分指示灯熄灭

(1) 将点火开关转至 ON 位置,检查仪表板灯是否点亮,同时检查所有的警告灯是否点亮。

(2) 检查发动机起动后所有的警告灯是否熄灭。因型号不同警告灯熄灭方式也不同,

图 5-47 灯光的外观检查

详细情况查看维修手册。

2）灯光的检查

以丰田威驰轿车为例进行照明系统的检查。

（1）车灯外观的检查。

如图 5-47 所示，用手检查车灯是否松动，安装是否可靠。检查车灯的灯罩是否有变色、裂纹等情况。

（2）灯光的检查。

a. 将换挡杆置于空挡或 P 挡，拉起驻车制动器，起动发动机。将灯光控制开关旋至一挡，检查示宽灯及示宽灯指示灯是否点亮。同时检查尾灯、牌照灯是否点亮，如图 5-48 所示。

b. 如图 5-49 所示，将灯光控制开关旋至二挡，检查近光灯是否点亮。

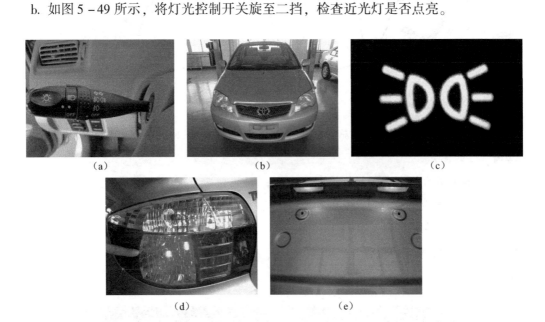

图 5-48 灯光控制开关旋至一挡时，灯光的检查

(a) 将灯光控制开关旋至一挡；(b) 示宽灯的检查；(c) 示宽灯指示灯的检查；(e) 尾灯的检查；(f) 牌照灯的检查

图 5-49 灯光控制开关旋至二挡时近光灯的检查

(a) 将灯光控制开关旋至二挡；(b) 近光灯的检查

c. 将灯光控制开关旋至二挡,然后将变光器开关推开,检查远光灯及远光灯指示灯是否点亮,如图 5-50 所示。

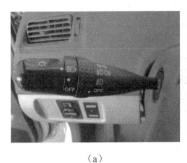  

(a) (b) (c)

图 5-50 灯光控制开关旋至二挡时远光灯的检查

(a) 将变光器开关推开;(b) 远光灯的检查;(c) 远光灯指示灯的检查

d. 将灯光控制开关旋至一挡,然后将雾灯开关旋至一挡,检查前雾灯及前雾灯指示灯是否点亮,如图 5-51 所示。

(a) (b) (c)

图 5-51 检查前雾灯及雾灯指示灯

(a) 打开灯光控制开关及雾灯开关;(b) 雾灯的检查;(c) 雾灯指示灯的检查

e. 将灯光控制开关旋至一挡,然后将雾灯开关旋至二挡,检查前、后雾灯及前、后雾灯指示灯是否同时点亮,如图 5-52 所示。

f. 将灯光控制开关和雾灯开关恢复到初始位置。

(a) (b)

图 5-52 检查前、后雾灯及其指示灯

(a) 打开灯光控制开关及雾灯开关;(b) 前雾灯的检查

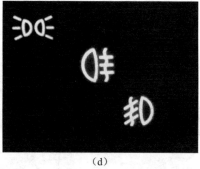

(c) (d)

图 5-52 检查前、后雾灯及其指示灯（续）

(c) 前后雾灯的检查；(d) 前、后雾灯指示灯的检查

g. 如图 5-53 所示，将车辆放正，向上移动信号转换开关，同时向右侧转动转向盘。检查右转信号灯是否工作，检查右转信号灯指示灯是否工作。转动转向盘到初始位置，检查信号转换开关回位情况，正常情况下右转信号灯及右转信号灯指示灯应熄灭。

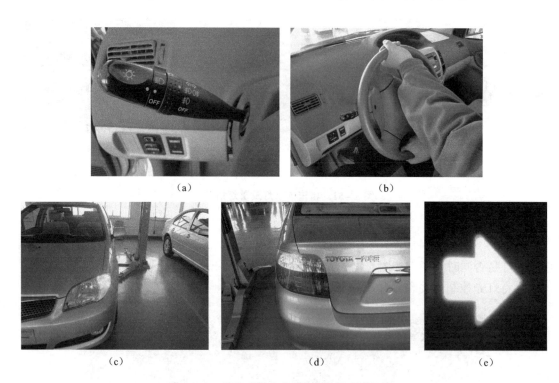

图 5-53 检查右转向位置时转向灯及指示灯

(a) 向上移动信号转换开关；(b) 向右侧转动转向盘；(c) 检查右前转向灯；(d) 检查右后转向灯；
(e) 检查右侧转向灯指示灯

h. 将车辆放正，向下移动信号转换开关，同时向左侧转动转向盘。检查左转信号灯是否工作，检查左转信号灯指示灯是否工作。转动转向盘到初始位置，检查信号转换开关回位情况，正常情况下左转信号灯及左转信号灯指示灯应熄灭，如图 5-54 所示。

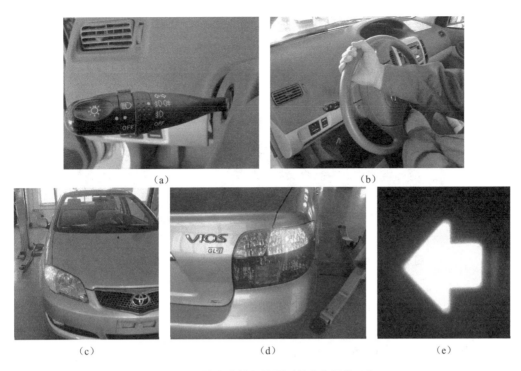

图 5-54 检查右转向位置时转向灯及指示灯

(a) 向下移动信号转换开关；(b) 向左侧转动转向盘；(c) 检查左前转向灯；(d) 检查左后转向灯；(e) 检查左侧转向灯指示灯

i. 将信号转换开关移动至中间位置，转向信号灯应熄灭。按下危险警告灯开关，检查危险警告灯及危险警告灯指示灯是否工作，如图 5-55 所示。

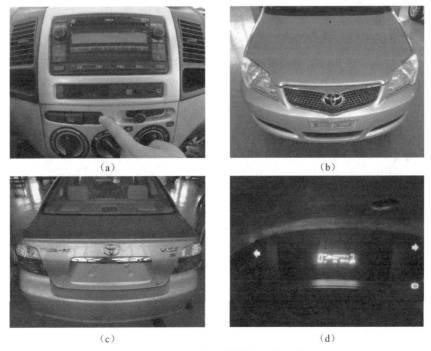

图 5-55 检查危险警告灯及指示灯

(a) 按下危险警告灯开关；(b) 检查前危险警告灯；(c) 检查后危险警告灯；(d) 检查危险警告灯指示灯

j. 释放驻车制动器,检查指示灯是否熄灭;拉起驻车制动器,检查指示灯是否点亮,如图 5-56 所示。

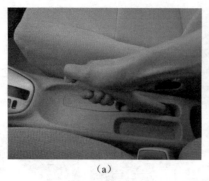 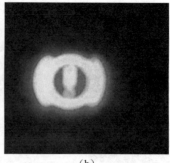

(a) (b)

图 5-56 检查驻车制动器在制动状态时对应指示灯的工作情况
(a) 拉起驻车制动器;(b) 检查驻车制动指示灯

k. 将点火开关旋至 ON 位置,踩下制动踏板,制动灯是否点亮,如图 5-57 所示。

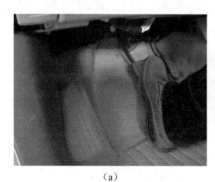 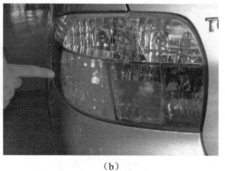

(a) (b)

图 5-57 检查在制动状态时对应的制动灯的工作情况
(a) 踩下制动踏板;(b) 检查制动灯

l. 踩下制动踏板,起动发动机,若车辆的变速器采用的是自动变速器,就将换挡杆从 P 挡挂入 R 挡。检查倒车灯是否点亮,仪表指示是否显示在 R 挡,如图 5-58 所示。

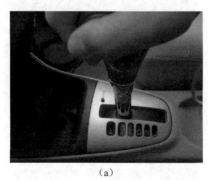 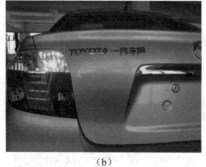

(a) (b)

图 5-58 检查倒车灯(一)
(a) 将挡位挂入 R 位;(b) 检查倒车灯

m. 踩下制动踏板，若车辆的变速器采用的是手动变速器，就将换挡杆从空挡挂入 R 挡。检查倒车灯是否点亮，如图 5-59 所示。

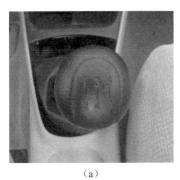
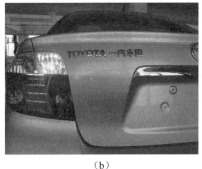

(a) (b)

图 5-59 检查倒车灯（二）

(a) 将挡位挂入 R 位；(b) 检查倒车灯

n. 如图 5-60 所示，将室内延时灯拨至"ON"位置时，室内延时灯应点亮；将室内延时灯拨至"DOOR"位置，车门打开时，室内延时灯点亮；车门关闭时，室内延时灯熄灭。

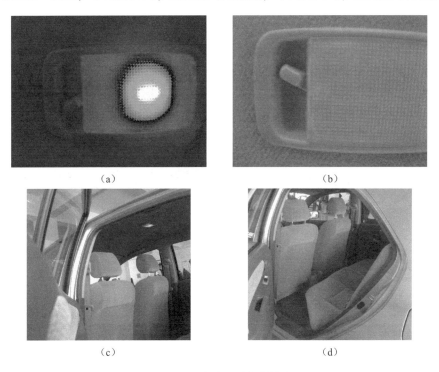

图 5-60 室内延时灯的检查

(a) 室内延时灯在"ON"位置时的检查；(b) 室内延时灯在"DOOR"位置时的检查；
(c) 门打开时室内延时灯的检查；(d) 门关闭时室内延时灯的检查

o. 拉起后备箱盖释放杆开关，检查后备箱灯是否点亮，如图 5-61 所示。

2) 风窗玻璃喷洗器和刮水器的检查

(1) 喷洗器储液罐液位的检查。

目视检查清洗液液位的位置，应在规定的范围内，如果缺少应添加，如图 5-62 所示。

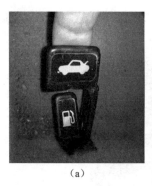  

图 5-61　检查后备箱灯工作情况　　　　　　　图 5-62　检查清洗液液位

(a) 打开后备箱开关；(b) 检查后备箱灯

(2) 喷水器喷洒压力的检查。

向后拉动喷水器喷射开关，观察所喷洒出的清洗液的高度，要求高度位于风窗玻璃高度的 2/3 处为合格，如图 5-63 所示。

(3) 风窗玻璃喷洗器的检查调整，如图 5-63 所示。

a. 起动发动机。

b. 检查风窗玻璃喷洗器喷洒压力是否足够。

c. 检查喷洗喷洒区是否集中在刮水器工作范围内，必要时进行调整。

d. 调整喷洗器喷射方向。喷洗器喷洒区域应落在刮水范围的中间。

(4) 风窗玻璃刮水器的检查。

因为黏附在风窗玻璃上的细沙或灰尘颗粒侵入刮水器的橡胶件上时，将会在风窗玻璃上留下刮痕。检查风窗玻璃刮水器的方法如图 5-64 所示。

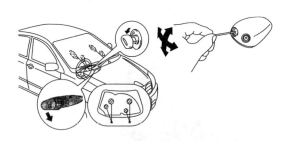 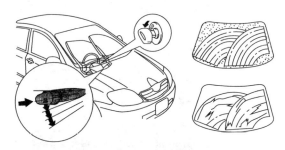

图 5-63　检查调整风窗玻璃喷洗器　　　　　　图 5-64　风窗玻璃刮水器的检查

a. 在使用刮水器前要喷洒喷洗液。

b. 打开刮水器开关检查是否每一只刮水器都正常工作：慢（Lo）、快（Hi）、间歇功能、去雾功能。

c. 检查当刮水器开关关闭时，刮水器自动停止在其停止位置的情况。

d. 检查刮水状况，不能产生如图 5-64 中条纹式的刮水痕迹，那是刮水效果不好的问题。

3) 喇叭的检查

喇叭的检查如图 5-65 所示。

(1) 按下喇叭，检查喇叭是否发声，检查音量和音调是否稳定。

(2) 转动转向盘，同时在任何位置按下喇叭，检查喇叭是否发声、检查音量和音调是否稳定。

4）电动车窗的检查

(1) 将点火开关置于 ON 位置，按下电动门窗开关，观察门窗是否升起或下降，如图 5-66 所示。

(2) 当拔出钥匙或钥匙处于"ACC/LOCK"位置后，电动门窗工作时间是否在 30 s 停止工作。

(3) 电动车窗自动防夹功能。如果驾驶员侧门窗在自动上升操作中受到物体或身体某部分的阻碍，门窗会检测到阻力并停止上升操作，同时反向下降，以便清除障碍物。

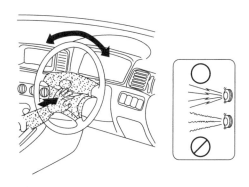

图 5-65　检查喇叭

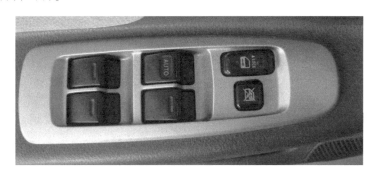

图 5-66　电动门窗开关

二、任务实施与考核

(1) 学生对车身电器进行拆装和维护，在充分掌握上述知识与技能的前提下，完成工作单。

(2) 教师在指导过程中，根据完成的情况完成考核表（见表 5-3）。

表 5-3　教师考核记录表

实训项目：　车身电器的拆装与维护

班级学号		姓　　名		
项目	必要的记录		分值	评分
工作着装、工作安全、卫生情况			10	
风窗玻璃刮水器电动机总成的拆装			10	
刮水器橡胶条的更换			10	
照明系统各零部件的更换			10	
组合仪表报警灯的检查			10	
照明系统的检查			10	
风窗玻璃喷洗器和刮水器的检查			10	
喇叭的检查			10	
工作单的填写情况			20（工作单成绩折算）	
总分				
			老师签字：　　　　　年　　月　　日	

任务 5-4　空调系统的拆装与维护

1. 能够正确描述汽车空调系统的功能及组成；
2. 能够正确描述汽车空调系统维护的内容；
3. 能够熟练拆装汽车空调系统各总成；
4. 能够熟练检查制冷剂量；
5. 能够熟练检查制冷剂渗漏；
6. 能够熟练检查压缩机油量；
7. 能够熟练检查及更换空调滤清器。

空调系统的拆装与维护包括空调系统的拆装和空调系统的维护。空调系统的拆装包括空调压缩机就车拆装、空调蒸发器单元总成的拆装、带储液罐的冷凝器总成的拆装。空调系统的维护包括检查制冷剂量、制冷系统的检漏、检查压缩机皮带、检查压缩机油面、空调滤清器的检查及更换。

一、汽车空调的功能

（1）制冷。空调系统能对车内空气或车外进入车内的新鲜空气进行冷却、除湿，使车内达到凉爽、舒适程度。

（2）取暖。空调系统能对车内空气或车外进入车内的新鲜空气进行加热，使车内达到温暖、舒适程度。

（3）通风。空调系统能将车外的新鲜空气引进车内，达到通风、换气的目的。

（4）空气净化。空调系统能除去车内空气中的尘埃、异味，使车内空气变得清洁，目前只用于高级轿车和豪华客车上。

（5）自动控制。空调系统能将制冷、取暖、新鲜空气有机地组合，形成冷暖适宜的气流，并自动对车内环境进行全季节、全方位、多功能的最佳控制。

二、汽车空调系统的组成

完善的汽车空调系统一般由制冷系统、取暖系统、通风系统、操纵控制系统及空气净化系统组成。

1. 制冷系统

制冷系统的作用是对车内空气或由外部进入车内的空气进行冷却降温、除湿，使乘室内的空气变得凉爽、舒适。

制冷系统主要由压缩机、冷凝器、储液干燥罐、膨胀阀、蒸发器、高压软管、低压软管、鼓风机、风扇等组成，如图5-67所示。

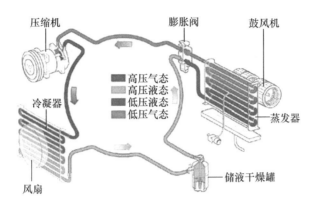

图5-67　空调制冷系统的组成

2. 取暖系统

取暖系统的作用是取暖，对车内空气或由外部进入车内的新鲜空气进行加热，达到取暖、除湿的目的。取暖系统主要由加热器、鼓风机、热水阀、水泵等组成，如图5-68所示。

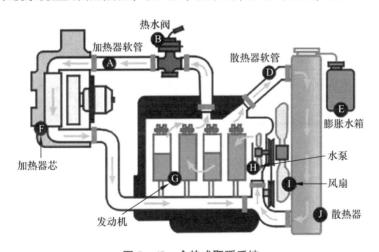

图5-68　余热式取暖系统

3. 通风系统

如图5-69所示，通风系统的作用是在汽车运行中从车外引入一定量的新鲜空气，并将车内的污浊空气排出车厢外，同时还可以防止风窗玻璃起雾。

4. 操纵控制系统

操纵控制系统的作用是对制冷系统、加热系统及通风系统的工作进行控制，同时对车内的空气温度、风量、流量进行调节，保证空调系统正常工作。

操纵控制系统按照通风系统的操纵控制方式不同可分为手动式和自动式两种。图5-70所示为手动式操纵控制面板，图5-71所示为自动式操纵控制面板。

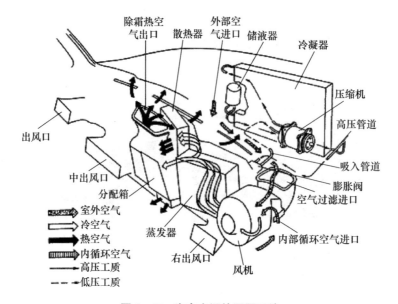

图 5-69 汽车空调的通风系统

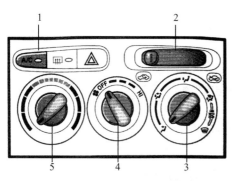

图 5-70 威驰轿车手动式操纵控制面板
1—空调按钮开关；2—车内空气循环按钮开关；
3—温度旋钮开关；4—鼓风机旋钮开关；
5—空气分配按钮开关

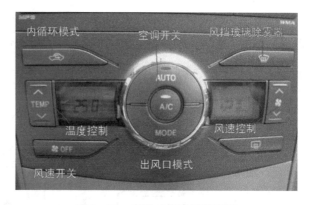

图 5-71 自动式操纵控制面板

任务实施与考核

一、技能学习

1. 空调系统主要部件的拆装

1）空调压缩机就车拆装

空调压缩机总成零部件分解图如图 5-72 所示。

（1）拆卸。

a. 拔下蓄电池插头。

b. 从系统内排出制冷剂。

c. 拆下 V 形（压缩机到曲轴皮带轮）皮带。

d. 断开制冷剂吸入口，如图 5-73 所示。

a）拆下螺栓，从压缩机和电磁离合器上断开制冷剂吸入口。

b）从制冷剂吸入口拆下 O 形环。

注意：用聚氯乙烯胶带密封所有断开部分的开口，以防水分和异物进入。

e. 断开制冷剂排出口，如图 5-74 所示。

a）拆下螺栓，从压缩机和电磁离合器上断开制冷剂排出口。

b）从制冷剂排出口上拆下 O 形环。

注意：用聚氯乙烯胶带密封所有断开部分的开口，以防水分和异物进入。

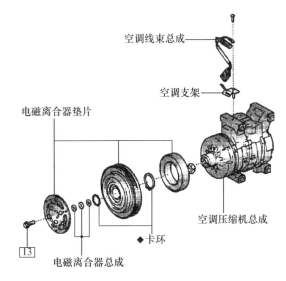

图 5-72 空调压缩机总成零部件分解图

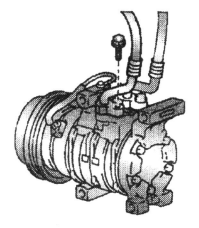

图 5-73 断开制冷剂吸入口

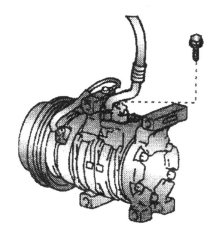

图 5-74 断开制冷剂排出口

f. 拆下右侧发动机下盖。

g. 拆下压缩机和电磁离合器总成。

a）断开接头。

b）拆下 4 个螺栓、压缩机和电磁离合器总成，如图 5-75 所示。

h. 拆下电磁离合器总成。

a）在台钳上夹紧压缩机和电磁离合器。

b）用鲤鱼钳夹住离合器轮毂。

c）拆下螺钉、电磁离合器轮毂和垫片，如图 5-76 所示。

d）用卡环钳拆下卡环和电磁离合器转子，如图 5-77 所示。

e）拆下螺钉，断开连接器。

f）用卡环钳拆下卡环和电磁离合器定子，如图 5-78 所示。

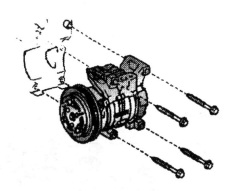

图5-75 拆下4个螺栓、压缩机和电磁离合器总成

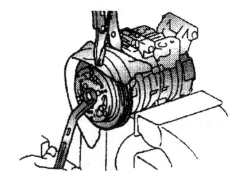

图5-76 拆下螺钉、电磁离合器轮毂和垫片

图5-77 用卡环钳拆下卡环和电磁离合器转子

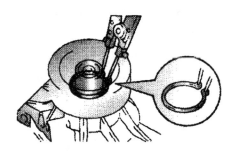

图5-78 用卡环钳拆下卡环和电磁离合器定子

  i. 拆下空调控制线束总成。
  j. 拆下支架。
  k. 拆下压缩机总成。
 （2）安装。
  a. 安装电磁离合器总成。
  a）如图5-79所示，安装电磁离合器定子。
  b）用卡环钳安装新的卡环，有斜角的面朝上，如图5-80所示。

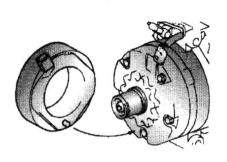

图5-79 安装电磁离合器定子

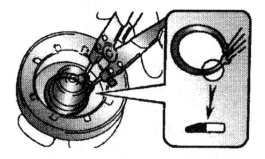

图5-80 用卡环钳安装新的卡环

  c）安装螺栓，连接接头。
  d）用卡环钳安装电磁离合器转子和新的卡环，有斜角的面朝上，如图5-81所示。
  e）安装离合器轮毂和垫片。
  注意： 在分解前，不要改变电磁离合器中的组合垫片。
  f）用鲤鱼钳夹住电磁离合器轮毂，安装螺栓，如图5-82所示，拧紧力矩为13 N·m。

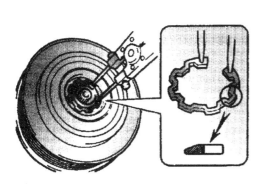

图 5-81 用卡环钳安装电磁
离合器转子和新的卡环

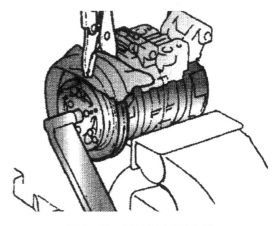

图 5-82 用鲤鱼钳夹住电磁
离合器轮毂,安装螺栓

b. 检查电磁离合器间隙,如图 5-83 所示。

a) 安装百分表,对准电磁离合器毂。

b) 连接蓄电池的正极引线到端子,负极引线到搭铁线。开关离合器,测量间隙。标准间隙为 0.25 ~ 0.50 mm。如测量值超出标准值,拆下电磁离合器轮毂,用垫片调整。

注意:调整垫片应不超过 3 个。

c. 安装压缩机和电磁离合器。

a) 用 4 个螺栓安装压缩机和电磁离合器,拧紧力矩为 25 N·m。

注意:按如图 5-84 所示顺序,安装压缩机和电磁离合器,紧固螺栓。

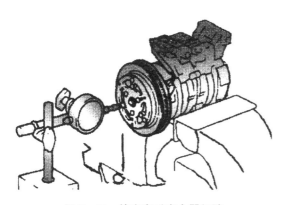

图 5-83 检查电磁离合器间隙

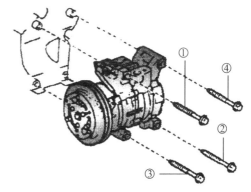

图 5-84 安装压缩机和电磁离合器,紧固螺栓

b) 连接接头。

d. 安装制冷剂排出孔。

a) 从管口撕下缠裹的聚氯乙烯胶带。

b) 给新 O 形环和压缩机以及电磁离合器的接触面涂上足够的压缩机油。压缩机油为 ND—OIL8 或等效物。

c) 在制冷剂排出孔安装 O 形环。

d) 用螺栓连接制冷剂排出孔到电磁离合器和压缩机上,拧紧力矩为 9.8 N·m。

e. 安装制冷剂吸入孔。

a) 从管口撕下缠裹的聚氯乙烯胶带。

b) 给新O形环和压缩机以及电磁离合器的接触面涂上足够的压缩机油。压缩机油为ND—OIL8或等效物。

c) 在制冷剂排出孔安装O形环。

d) 用螺栓连接制冷剂排出孔到电磁离合器和压缩机上,拧紧力矩为9.8 N·m。

f. 安装V形(压缩机到曲轴皮带轮)皮带。

g. 调整V形(压缩机到曲轴皮带轮)皮带。

h. 充分紧固(V形压缩机到曲轴皮带轮)皮带。

i. 加注制冷剂,规定量:(420±30)g。

j. 发动机暖机。

k. 检查制冷剂是否泄漏。

2) 空调蒸发器单元总成的拆装

空调蒸发器单元总成的零部件解体后,如图5-85、图5-86所示。

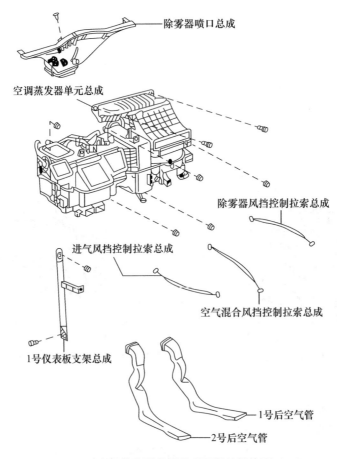

图5-85 空调蒸发器单元总成零部件解体图(一)

(1) 空调蒸发器单元总成的拆卸。

a. 从系统内排出制冷剂。

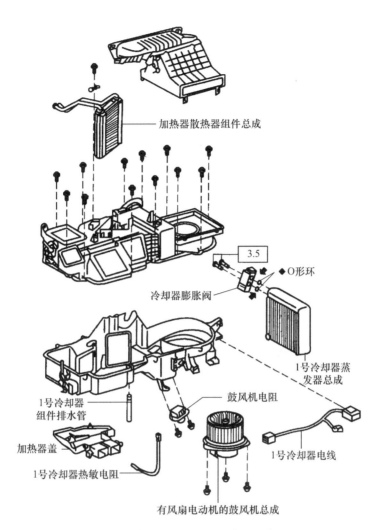

图 5-86 空调蒸发器单元总成零部件解体图（二）

b. 拆下下侧仪表板总成，拆下除雾喷口总成，拆下仪表板支架总成，松开 2 个锁扣，拆下 2 号后空气管，如图 5-87 所示。

c. 拆下 4 个螺栓，拆下安全气囊 ECU 总成，如图 5-88 所示。

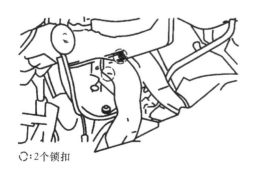

图 5-87 拆下 2 号后空气管

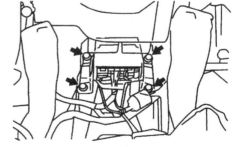

图 5-88 拆下安全气囊 ECU 总成

d. 拆下除雾器风挡控制拉索总成。

e. 拆下空气混合风挡控制拉索总成。

f. 拆下进气风挡控制拉索总成。

g. 拆下空调蒸发器单元总成。

h. 拆下2个螺栓、5个螺母和空调蒸发器单元总成，如图5-89所示。

（2）空调蒸发器单元总成的安装。

a. 安装1号冷却器蒸发器总成。

b. 安装冷却器膨胀阀。用5.0 mm的六角扳手安装2个六角螺栓，拧紧力矩为3.5 N·m。

c. 安装空调蒸发器单元总成。

d. 用2个螺栓安装安全气囊ECU，拧紧力矩为3.0 N·m（连接接头时，不要用力太大）。

e. 不要碰撞安全气囊ECU，安装安全气囊ECU总成，安装下侧仪表板总成。

f. 安装加热器控制和附件总成。

将控制臂置于FACE位置，如图5-90所示，在控制杆上安装内拉索。按图5-90中箭头方向轻轻压下，将外拉索装在拉索夹箍上。

图5-89 拆下空调蒸发器单元总成

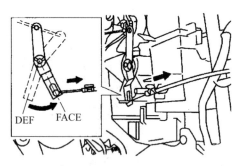

图5-90 将控制臂置于FACE位置

DEF—外循环安装位置标记；
FACE—内循环安装位置标记

切勿扭弯拉索，操纵加热器控制杆应在FACE和DEF位置都能停下，且不回弹。将控制杆臂置于最大制冷位置，如图5-91所示。在控制杆上安装内拉索，按图5-91中箭头方向轻轻压下，将外拉索装在拉索夹箍上。操纵加热器控制杆时，在内循环、外循环位置都能停下，且不回弹。

将控制臂置于内循环位置，如图5-92所示，在控制杆上安装内拉索头。按图5-92中箭头方向轻轻压下，将外拉索装在拉索夹箍上。

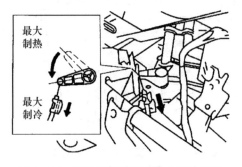

图5-91 将控制杆臂置于最大制冷位置

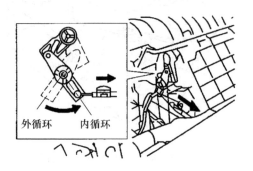

图5-92 将控制臂置于内循环位置

g. 安装仪表板总成，安装空调管路总成。

h. 加注制冷剂，加注量为（420±30）g，起动发动机暖机。

i. 检查制冷剂有无泄漏。

3）带储液罐的冷凝器总成的拆装

带储液罐的冷凝器总成解体后，如图5-93所示。

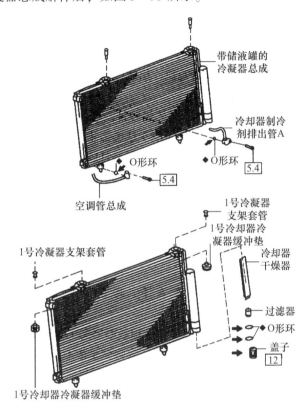

图5-93 带储液罐的冷凝器总成解体图

（1）带储液罐的冷凝器总成的拆卸。

a. 排出系统内的制冷剂，拆开制冷剂排出管，拆开空调管总成，拆下带储液罐的冷凝器总成，拆下冷却器干燥器，如图5-94所示。

从盖子上拆下2个O形环，用尖嘴钳取出干燥器，如图5-95所示。

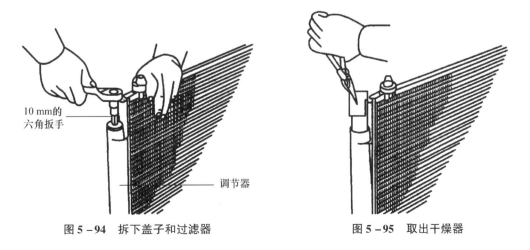

图5-94 拆下盖子和过滤器　　　　图5-95 取出干燥器

b. 拆下冷凝器缓冲垫，拆下冷凝器支架套管。

(2) 带储液罐的冷凝器总成的安装。

a. 安装冷却器干燥器。用尖嘴钳装入干燥器，在盖子上安装2个O形环，在O形环的接口处涂上足量压缩机机油（ND—OIL8）或类似物，用10 mm的六角扳手在调节器上安装盖子和过滤器，拧紧力矩为12 N·m。

b. 安装带储液罐的冷凝器、空调管总成。用螺栓连接空调管总成和带储液罐的冷凝器总成，拧紧力矩为54 N·m。

c. 安装制冷剂排出管。撕去管口的聚氯乙烯胶带，连接冷凝器总成的相应部分，在O形环和管的接口涂上足够的压缩机机油（ND—OIL8）或类似物，在制冷剂排出管接头上安装1个O形环，用螺栓连接制冷剂排出管和带储液罐的冷凝器总成，拧紧力矩为5.4 N·m。

d. 加注制冷剂，加注量为（420±30）g，起动发动机暖机，检查制冷剂有无泄漏。

2. 空调系统的维护

1) 检查制冷剂量

(1) 准备工作。

a. 完全打开所有车门。

b. 起动发动机。

c. 使发动机转速保持在1 500 r/min。

d. 将A/C开关置于ON位置。

e. 鼓风机速度控制开关处于"高"位置。

f. 温度控制设为"最冷"。

(2) 实际操作。

a. 用抹布擦拭观察窗表面灰尘。

b. 观察观察窗制冷剂的流量。

(3) 结果分析。

当空调系统工作时，从观察窗中观察到流动的制冷剂几乎透明无气泡，但提高或降低发动机转速时可能出现气泡，关闭压缩机后立刻有气泡，然后渐渐消失，这就说明制冷系统工作正常。如果压缩机工作时有大量的气泡，说明制冷系统不正常。

2) 制冷系统的检漏

(1) 用电子式检漏仪检漏。

用电子式检漏仪对空调系统进行检漏，检漏仪探头应尽可能接近检漏部位，一般要求在3 mm之内，探头的移动速度必须低于30 mm/s。当探头脏污或电压偏低时，都会影响检查的准确性。其方法和步骤如下：

a. 将检漏仪电源接上，进行预热10 min左右。

b. 对检漏仪进行校核，使指示灯和警铃工作正常。

c. 将检漏仪调到所需要的灵敏度范围。

d. 将探头放在易出现泄漏的各个部位进行检测，防止漏检。

e. 当指示灯亮、警铃响起时，此位置为泄漏部位。同时应将探头立即移动，以免损坏检漏仪。

（2）外观检漏。

制冷剂泄漏部位往往会渗出冷冻润滑油，若发现在某处有油污渗出，可进一步用清洁的白纸擦拭或用手直接触摸检查。如仍有油冒出，则可能有渗漏。

3）检查压缩机皮带

查看其张紧力（松紧度）是否适宜，表面是否完好，配对的皮带是否在同一平面上。

压缩机皮带松紧度检查，在 10 kg 的压力下，曲轴张紧轮与压缩机皮带向下的挠度一般在 10～12 mm 为合适，如图 5 - 96 所示。

图 5 - 96　压缩机皮带张紧力检查

压缩机皮带松紧度的调整：目前大多数空调压缩机带轮的安装方式是压缩机直接安装在铁架的凸台上，固定不动，中间惰轮安装在一个可调整的支架上。调整时，只要调整中间惰轮的位置即可。

4）检查压缩机油面

压缩机有视油窗口，察看油平面是否在红线上。在侧面有放油塞的，可略松开放油塞，如果有油流出就是油量正好；若没有油流出，则需要添加润滑油。如果有油尺的，根据说明书规定用油尺检查。

5）空调滤清器的检查及更换

（1）空调滤清器的安装位置。

空调滤清器的安装位置如图 5 - 97、图 5 - 98 所示。

图 5 - 97　空调滤清器的安装位置（一）

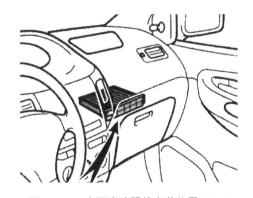

图 5 - 98　空调滤清器的安装位置（二）

（2）空调滤清器的检查及更换。

经过长时间的使用，空调滤清器将被堵塞。如果感到空调或暖气的气流工作效率极端减弱，或车窗很容易起雾，则需更换空调滤清器。

a. 按杂物箱的两侧解开挂钩，如图 5 - 99 所示。

b. 从滤清器的出口处取出滤清器盒，如图 5 - 100 所示。

c. 从滤清器盒中取出滤清器，如图 5 - 101 所示。

d. 检查滤清器的表面。如果不是非常脏，可以用压缩空气从背面吹干净，不要对滤清器清洗或上油。如果很脏，则需更换。

图 5-99 按杂物箱的两侧解开挂钩

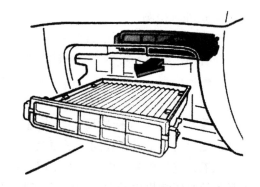

图 5-100 从滤清器的出口处取出滤清器盒

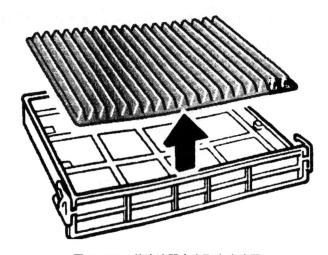

图 5-101 从滤清器盒中取出滤清器

e. 滤清器的更换。

f. 更换注意事项。

在把滤清器装回到滤清器盒中时,需保证滤清器平的一面向下而有纹路的一面向上。

(3) 更换周期。

在正常路面上行驶时,每行驶 30 000 km 需要更换滤清器。在多尘路面上行驶时,每行驶 15 000 km 需要更换滤清器。

二、任务实施与考核

(1) 学生对空调系统进行拆装和维护,在充分掌握上述知识与技能的前提下,完成工作单。

(2) 教师在指导过程中,根据完成的情况完成考核表(见表 5-4)。

表 5-4 教师考核记录表

实训项目: 空调系统的拆装与维护

班级学号		姓　名		
项目	必要的记录		分值	评分
工作着装、工作安全、卫生情况			10	
压缩机就车的拆装			10	

续表

蒸发器单元总成的拆装		10	
冷凝器总成的拆装		10	
制冷剂量的检查		10	
制冷系统的检漏		10	
空调滤清器的更换		10	
工作单的填写情况		30（工作单成绩折算）	
总分			

老师签字：
_____年_____月_____日

思考与练习

一、思考题

1. 简述蓄电池的拆装注意事项。
2. 电解液放电期间要经过哪些电化学反应过程？
3. 为什么放电时电解液的相对密度会下降？
4. 为什么连接蓄电池时首先要连接正极接线柱？
5. 简述汽车交流发电机的组成。
6. 简述检查 V 形带张紧度的方法。
7. 请查明威驰轿车 V 形带轮的拧紧力矩。
8. 简述雾灯的功用。
9. 简述闪光器的分类。
10. 如何检查喇叭？
11. 如何检查电动车窗？
12. 简述空调系统的作用。
13. 简述空调系统的组成。
14. 如何更换空调滤清器？

二、单项选择题

1. 从汽车上拆卸蓄电池时，应先拆（   ），后拆（   ）。
   A. 起动线缆   B. 搭铁   C. 较低   D. 稍低

2. 用高率放电计测量铅蓄电池单格的性能时，正常的铅蓄电池其单格电池端电压在多少秒内保持多少伏基本不变？（   ）。
   A. 10 s，1.5 V 以上 B. 3 s，1.5 V C. 5 s，1.5 V 以上 D. 10 s，1.5 V

3. 一般硅整流发电机都采用（   ）连接，即每相绕组的首端分别与整流器的硅二极管相接，每相绕组的尾端在一起，形成中性点 N。
   A. 星形连接   B. 串联   C. 三角形连接   D. 并联

4. 汽车充电指示灯在发电机未起动或低速时（   ），发电机转速超过 1 000 r/min 以上时，充电指示灯（   ），以表示蓄电池处于（   ）状态。

A. 熄灭，点亮，充电　B. 点亮，熄灭，放电　C. 点亮，熄灭，充电　D. 熄灭，点亮，放电

5. 下列不属于汽车外部灯具的是（　　）。

A. 前照灯　　　　B. 顶灯　　　　C. 牌照灯　　　　D. 转向灯

6. 水温表的作用是指示发动机冷却水的温度，在正常情况下，水温表指示值应为（　　）。

A. 80 ℃~90 ℃　　B. 85 ℃~95 ℃　　C. 65 ℃~75 ℃；　　D. 85 ℃~105 ℃

7. 检查蓄电池电解液液面高度时，液面必须高于极板（　　）mm。

A. 10~15　　　　B. 20~25　　　　C. 25~30　　　　D. 30~40

8. 以下不应在发动机运转状态下检查的项目是（　　）。

A. 前照灯　　　　　　　　　　　　B. 玻璃喷水器

C. 手动变速器液面高度　　　　　　D. 制动踏板行程余量

9. 关于拆卸雨刮片的注意事项，下列说法正确的有（　　）。

（1）拆卸雨刮片时，为了避免损坏前风挡玻璃，可在雨刮臂的顶端包上一块布并将其轻放在前风挡玻璃上。

（2）拆下雨刮片后，若运行雨刮器或雨刮臂可能会损坏前风挡玻璃或发动机舱盖。

A. 只有（1）正确　　　　　　　　B. 只有（2）正确

C. （1）和（2）都正确　　　　　　D. （1）和（2）都错误

10. 关于维修车辆灯泡的说法，正确的是（　　）。

A. 更换新灯泡时可用瓦数大点的灯泡进行替换，以增强灯的亮度。

B. 拆卸灯泡时应立即将灯泡装上，以防灯总成有湿气进入。

C. 不要用手直接触摸灯泡玻璃。

三、多项选择题

1. 通常蓄电池的充电方法有（　　）。

A. 定电压充电　　B. 定电流充电　　C. 脉冲快速充电　　D. 充电器充电

2. 汽车灯具按其功能可分为（　　）两类。

A. 照明灯　　　　B. 信号灯　　　　C. 顶灯　　　　　　D. 示宽灯

3. 汽车常见的仪表有（　　）。

A. 燃油表　　　　B. 水温表　　　　C. 机油压力表　　　D. 车速里程表

4. 三相同步交流发电机一般由（　　）组成。

A. 风扇　　　　　B. V带轮　　　　C. 转子总成　　　　D. 定子总成

5. 蓄电池的外观检查主要包括（　　）。

A. 壳体有无损坏　　　　　　　　B. 壳体有无裂纹

C. 是否存在漏液现象　　　　　　D. 导线有无松动

6. 电动车窗系统主要由（　　）组成。

A. 车窗　　　　　　　　　　　　B. 车窗玻璃升降器

C. 电动机　　　　　　　　　　　D. 开关

7. 制冷系统常用的检漏方法有（　　）。

A. 压力检漏　　　B. 真空检漏　　　C. 外观检漏　　　　D. 后备箱灯

8. 灯光信号装置包括（　　）。

A. 转向灯　　　　B. 制动灯　　　　C. 停车灯　　　　D. 倒车灯

9. 汽车空调按其功能可分为（　　）。

A. 制冷系统　　　B. 取暖系统　　　C. 通风系统　　　D. 空气净化系统

四、判断题

1. 蓄电池液面过低，可用矿泉水添加。（　　）
2. 蓄电池放电终了，其单格电压降到零伏。（　　）
3. 为保持蓄电池的良好工作状态和寿命，应定期检查蓄电池的液位。（　　）
4. 对于带有背板的刮水器刮片，必须同时更换雨刮臂。（　　）
5. 倒车灯用于汽车在夜间行驶时，用来标示汽车的宽度。（　　）
6. 夜间停车时，停车灯用来标志汽车的存在。（　　）
7. 检查风窗玻璃喷洗器时需要起动发动机。（　　）
8. 检查组合仪表警告灯时不需要起动发动机。（　　）
9. 拆卸前照灯调光开关总成时，需要把螺钉旋具的头部包裹起来。（　　）
10. 检查喇叭时，转动转向盘，同时在任何位置按下喇叭，检查喇叭是否发声、检查音量和音调是否稳定。（　　）

参考文献

［1］ 张西振，韩梅. 汽车发动机构造与维修［M］. 北京：机械工业出版社，2005.
［2］ 张西振. 汽车发动机［M］. 沈阳：辽宁科学技术出版社，2002.
［3］ 王立刚. 汽车机械维修与保养［M］. 北京：机械工业出版社，2010.
［4］ 杨艳芬. 汽车底盘构造与维修［M］. 北京：中国人民大学出版社，2009.
［5］ 杨智勇. 汽车拆装与维护［M］. 北京：中国人民大学出版社，2009.
［6］ 王丽梅. 汽车发动机构造与维修［M］. 北京：中国人民大学出版社，2009.
［7］ 范爱民，成伟华. 汽车维护与保养［M］. 北京：清华大学出版社，2010.
［8］ 吉武俊，胡勇. 汽车维护与保养［M］. 北京：机械工业出版社，2011.
［9］ 中国汽车维修协会. 维修检验技术［M］. 北京：人民交通出版社，2010.
［10］ 李炳泉. 桑塔纳轿车使用与维修手册［M］. 北京：机械工业出版社，1995.
［11］ 李宪民. 桑塔纳和桑塔纳2000轿车的结构与维修［M］. 北京：机械工业出版社，1999.
［12］ 邓书涛. 汽车概论［M］. 西安：西安电子科技大学出版社，2006.
［13］ 潘伟荣，刘越琪. 汽车结构与拆装［M］. 北京：人民交通出版社，2011.